教養としての都市論

感性を刺激する33冊

三浦 展

彰国社

装丁・レイアウト　矢萩多聞

はじめに

この本はいわゆる都市論や都市計画の名著の案内書ではない。生きた都市の魅力を私が感じることができたと思う本をノンジャンルで紹介するエッセーである。

本は原則として時代順に並べている（論じている内容の時代に合わせたものもある）。冒頭はアジェの写真集である。本文に書いたように、都市の魅力というものを私に最初に感じさせた本だからである。そのほかにも写真集や写真家の本が五冊ある。

そのほかに、美術家、ジャーナリスト、イラストレーター、不動産業者、マーケッターなどの本が何冊かある。つまり、都市・建築の専門家によるものではない本が三分の一ほどを占める。

逆に言うと、都市・建築の専門家や哲学者・社会学者らによる都市論を私は必ずしも面白いと思わないのだが、本書で取り上げた都市論は例外的に面白い、というか、生きた都市をわくわくしながら、あるいははかなみながら書いている本である。

その心の底には、都市や建築はもちろん、経済や社会全般に対する鋭い問題意識や怒りがある。本書が読者にとっても、感性を刺激し鋭い問題意識を触発する、お気に入りの本になって欲しいと願う。

〈目次〉

01

«

都市と郊外のもう一つの関係

朝日新聞社 編『アッジェのパリ』

私が都市の魅力というものを初めて感じた本は何だろうかと思い出してみると、それはまちがいなくアジェ[*1]の写真集である。

大学生のとき、国立か国分寺か忘れたが、どこかの書店でアジェの写真集を見つけ、その生めかしいような切ないような雰囲気に魅了された。そもそもアジェの名もそれまでまったく知らなかった、いや写真家というものの名もアヴェドン以外ほとんど知らなかったと思う。学生にとっては値段の高い本だったので購入はせず、結局その後もずっと買わず、買ったのは本書を書くにあたり二〇二〇年五月のことである。

発行は毎日新聞社だと記憶していたが、朝日新聞社刊であった。定価は五八〇〇円。四〇年前の学生には手が届かなかった。発行年は一九七九年。だから大学三年のときなので、国立の増田書店か東西書店で見たのかもしれない。もちろん発行後一、二年してから見た可能性もある。

私はとても気に入ったものをずっと買わなかったり、気になるところにずっと行かなかったりすることがたまにある。アジェのこの写真集もそうで、何十年も探さなかった。もう一つは柳宗悦の日本民藝館である。あまりに気になりすぎて、かえって深入りするのがおっくうになるのかもしれない。

それはともかく、今あらためて『アッジェのパリ』を見ていると、記憶の中にあるのと全く

撤去直前の同潤会代官山アパート(1996)

同じセピア色のインクで映し出されたパリの様々な街角に溜息が出そうになる。学生時代に立ち読みをしたときの感動がまざまざと蘇る。

このセピア色の街角の記憶が私の中にもう一度だけある。会社に入って二年目の冬だったと思うが、私は東横線方面に住んでいて、ある日、休日出勤だったので、代官山駅で降りて渋谷の会社まで歩こうと思ったのだ。改札を出て歩いているとどうしたわけか古いアパート街に迷い込んでしまった。まるで一九二〇年代のヨーロッパ映画の中のワンシーンに自分が入り込んだような気持ちになり、私はちょっと夢遊病者のようにそのアパート街をしばらく歩いたのだ。

それが同潤会アパートであると知って

いたのか、知らなかったのか、知っていたが今自分がいるのがその同潤会アパートだと気づいたのか、全くおぼえていない。どっちがどっちだか忘れてしまったが、とにかく私は夢の中にいるような気持ちでそのアパート街を歩いて、それから会社に向かったのだった。

そこが私の悪い所で（良い所でもあるが）そんなにそのアパートに夢中になったのなら、仕事のことなんて放り出して、ずっと、二時間でも三時間でもアパート街の隅から隅まで歩き回ればよかったのだが、時間にまじめな私はそんなことはせずに会社に行ってしまったのだ。

その後もう一度代官山アパートを訪ねたかどうかも記憶にない。あんなに自分を魅きつけたのだから、もう一度でも二度でも三度でも行けばよかったのに。代官山の駅が半地下のようなところにあったので、車窓から同潤会アパートが見えなかったことも、その後私がここに行かなかった理由の一つにちがいない。アパートが見えたなら、六年以上東横線で通勤していたのだから、何度も同潤会を見に行きたくなったはずなのだ。

まるで高嶺の花のものすごく美しくて上品な女性に出会ったとして、でも彼女はとても自分と同じ世界の人ではないなと簡単にあきらめてしまうことがあるように、あれだけ夢中になっておきながら、私はその後十数年も代官山アパートを訪ねることはなかったのである。

なのに『アッジェのパリ』を見返していると、たとえば九ページのアパートの中庭（?）なんてもうまったく同潤会アパートそのものだし、六ページの路地裏は北千住か立石か三ノ輪

家／ルーアン（出典：『アッジェのパリ』9頁）

あたりを彷彿とさせる。

近年私が下町を歩いて撮ろうとする写真の被写体、アングルが、実はもうすでにこの写真集によって決められている。そんなバカな。四〇年も前に立ち読みしただけなのに。

もちろんそれは、アジェが都市を見る視点がその後多くの写真家に（日本では木村伊兵衛に）影響を与え、そこから無数のプロ・アマ問わぬ写真家の都市の見方、撮り方、あるいは美意識をほとんど無意識裡に支配してしまっているということなのだろうが。

ショーウィンドウ、商人、行商人、曲がった路地、老いた馬、使い古された道具、しわの入った貼り紙、しみの入った壁、そうしたものを見のがさないこと、いやむしろそうしたものたちをこそ都市の中心的構成要素として見ること。そういうことをアジェは我々に教えたのである。

アジェが「郊外写真家」であることを私に教えたのは今橋映子である。なんとなくぼんやりとして見ていれば、アジェは古きよきパリのノスタルジーを映し撮った写真家であり、カレンダーにして部屋に飾ればとてもおしゃれである。ところがだ。今橋によれば「確かにアジェは『古きパリ』の蒐集者だった。しかしその『古きパリ』の映像は、年代によって明確に違うシリーズと構想のもとに撮影されていた」という（『〈パリ写真〉の世紀』六二頁）。

アジェは一八九〇年頃から写真家を目指す。最初は「街角の人々」の撮影に集中する。ランプシェード売り、籠売り、編み紐売り、あるいは郵便配達夫、道路工事人などのあらゆる職業の人々である。そして九八年には「はっきりと『パリ写真家』」となり、以下のようなテーマを定めた。

一　パリの生活と仕事　一四六枚 一八九八〜一九〇〇年
二　パリの乗り物　五七枚　一九一〇年
三　パリの屋内：芸術的、絵画的そしてブルジョワの　五四枚 一九一〇年
四　パリの仕事、店そしてショーウィンドウ　五九枚 一九一二年
五　古きパリの看板、そして古い店　五八枚 一九一三年
六　パリを囲む城壁跡　五六枚 一九一三年
七　ゾーン（zone）の人々——旧軍用地帯の住人の様子とその典型　六二枚　一九一三〜一九一四年

最後の「ゾーン」とは、「十九世紀に建設された『ティエールの城壁』の外側、幅十五メートルの空堀からさらに外側二〇〇メートル以内の『建築禁止』地域を指す。」軍事上、非常時に備えてのことである。だがやがて「ゾーン」には「革なめし業、野菜栽培、売春、化学工場などを営む人々が」「不法に出現」した。都市に「必要不可欠でいながら不潔で危険な夾雑物を『壁の外』に排除し、それによって」都市の「親和性を保持」するためである。アジェは一九一二年から一四年にかけて重い機材を背負ってあちこちのゾーンを集中的に取材した。そこ

で特に撮影したのが「屑屋」だったという。当時屑屋は「芸術家たちの想像力を刺激する」存在だったそうで、「街路の王」とすら呼ばれ、「何の権力にも屈せず、自由業者としての誇りを持っている。」「自由と反抗の象徴」であり、「芸術家たちに啓示を当てる神話的存在」だったからである。（『〈パリ写真〉の世紀』七九頁）

誠に興味深い話である。読者はこの今橋の叙述から近年建築家（?）の坂口恭平がホームレスをテーマに活動し、『TOKYO 0円ハウス 0円生活』などの著作を書いてきたことを思い出すだろう。

都市は農村に比べれば個人の自由が大きい場所である。共同体の伝統も束縛も少ないからである。だが現代の都市住民の大多数は普通のサラリーマンであり、彼らは会社共同体によって様々に束縛されている。その意味でサラリーマンは本来は都市的住民ではないのだ。本来の都市的住民はホームレスかもしれないのである。

それから蛇足になるが、アジェが郊外写真家でもあることを私に教えた最初の本は今橋の編著『都市と郊外』である。その中で今橋は、宮台真司や私の東京郊外論が東京の西側に住むホワイトカラーの話に偏っており、いわばアングロサクソン型の郊外を論じているが、パリのように都心部に富裕層が住み、貧困層を郊外に追い出してきた歴史も東京にはあるという田中純の指摘を紹介している。

それはまったくその通りである。当時の私の関心が西側郊外のホワイトカラーの住宅地の成立にあり、その成立に影響したアメリカの住宅地にあったからである。

だが近年の私は東京東側低地の下町の歴史も関心を持ってきた。パリ型というのかどうかわからないが、「屑屋」などの職業を郊外に追い出してきた東京の歴史についても簡単だが本にしたので、本書の読者はそちらもお読みいただきたい（拙著『下町はなぜ人々を惹きつけるのか?』）。

補遺

アジェがパリ写真を撮影し始めた一八九八年、奇しくもエリック・サティはモンマルトルからパリ南郊の谷間の町であるアルクイユのあばら屋に引っ越し一九二五年に没するまで住んだ。だからアジェがゾーンや郊外写真を撮影したころ、サティもそのへんに住んでいたのだ。

サティは毎朝遅く起きて、正午か午後一時頃電車でモンマルトルのカフェ「シャノワール」に行き、ピアノを弾き、終電で帰宅するか、明け方歩いて帰ってきたという。「サティは疲れを知らない歩行者」であり、好きなスポーツは何かを聞かれて「歩くこと」と答えるほどだった。

サティの家は、死後友人達を仰天させたという古いアパートで「労働者たち、どちらかといえば不幸せな人たちが住んでいた」。カルチェ・ラタンの有名な乞食が住んでいた部屋だったという噂すらある。要するに戦前の東京市における「不良住宅」のようなものだったのだろう。サティが都心からアルクイユまで歩いた途中には巨大な汚物処理工場があり、夜も労働者が働き、カフェが酒と軽食を提供していたという。どこか『最暗黒の東京』をすら思わせる情景である（オルネラ・ヴォルタ『エリック・サティの郊外』参照）。

註

1――――アジェの人名表記は、朝日新聞社発行の写真集では「アッジェ」だが本書では書名以外はアジェとした。

Book

アッジェのパリ

朝日新聞社 編
朝日新聞社（一九七九）

Profile

ジャン＝ウジェーヌ・アジェ
Jean-Eugène Atget
（一八五七〜一九二七）

フランス・ボルドー近郊、リブルヌで馬車の大工・修理工の長男として生まれた。五、六歳のとき孤児となり叔父に引き取られ、叔父の都合によりパリに移り住む。叔父はアジェを神学校に通わせたが中退し、商船の給仕となってヨーロッパ各地、北アフリカ、南米まで旅する。しかし給仕の職に満足することはできずパリに戻る。一八七八年、音楽家や俳優を養成する学校のパリのフランス国立高等演劇学校を受験するが失敗。翌年、合格。兵役のために演劇学校も中退。二四歳の頃、地方回りの役者になる。八六年に劇団女優ヴァランティーヌ・ドラフォスに出会う。二人はいっしょに旅回りをしたがアジェは一八九八年に劇団を解雇され一人パリに戻る。

パリに戻ったアジェは画家になろうとするが、この頃から写真を撮り始めパリ市歴史図書館などが写真を購入した。亡くなるまでの約三〇年間に撮影した八〇〇〇枚ものパリの記録はマン・レイやベレニス・アボットらに影響を与えた。

関連文献

今橋映子『〈パリ写真〉の世紀』白水社、二〇〇三
今橋映子『パリ・貧困と街路の詩学』都市出版、一九九八
今橋映子編著『リーディングズ　都市と郊外』NTT出版、二〇〇四
オルネラ・ヴォルタ『エリック・サティの郊外』昼間賢訳、早美出版社、二〇〇四

02

«

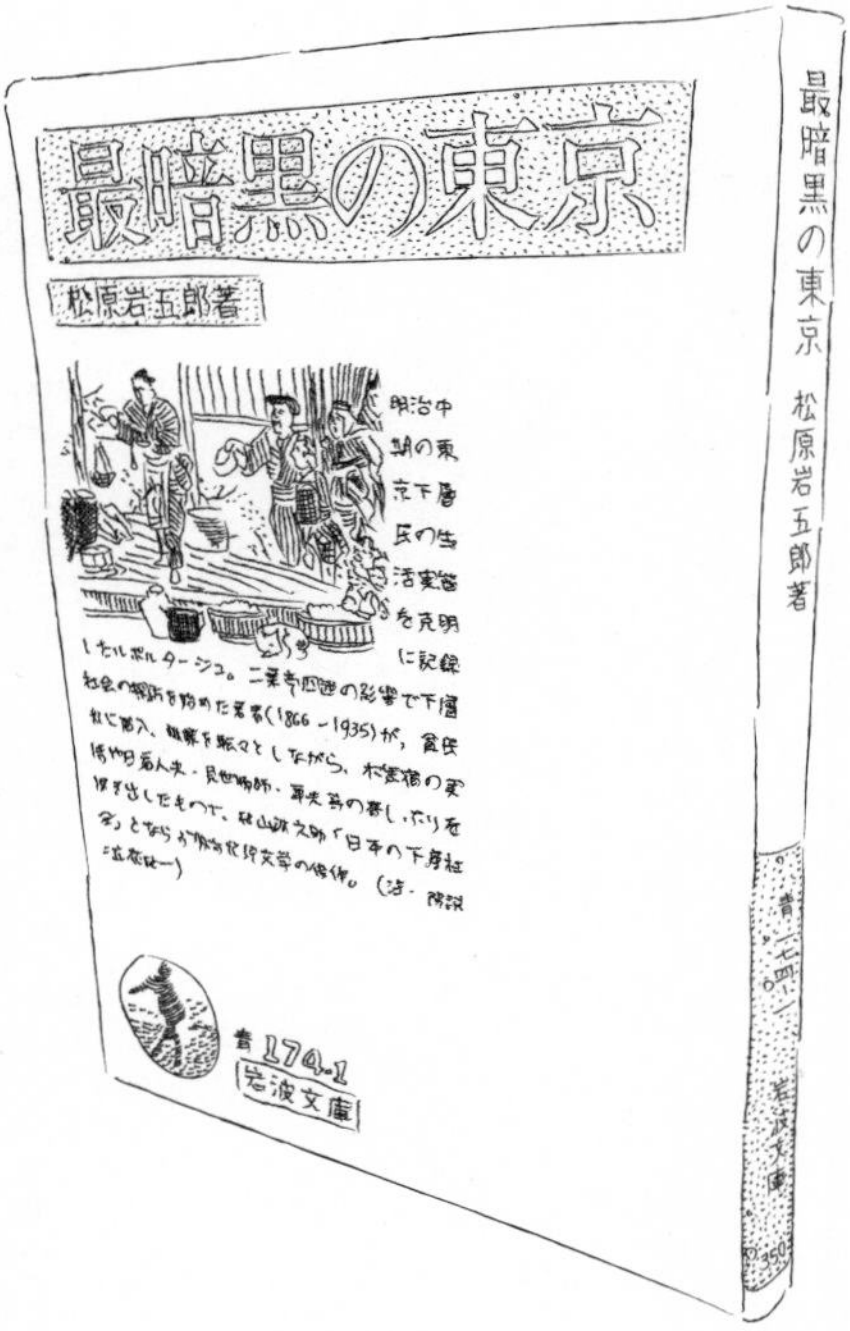

貧乏の官能性

松原岩五郎『最暗黒の東京』

貧乏の話が好きだ。落語でも寅さんでも、貧乏の話は楽しい。本当は貧乏は苦しいはずなのに、あとから話にすると笑ってしまうのだ。

極貧まで行くとそうも行くまいが、それとて二〇年も三〇年もしてから振り返ると、そのときの辛い想いは薄らぎ、よくあんなところに住んでいたなとか、狭い部屋に家族で七人も並んで寝ていたとかいって思い出して笑いあえるのだ。

松原岩五郎の『最暗黒の東京』を読んでいても、私は、著者の意図とは反対に、しばしば可笑しくなってしまう。特に彼が貧民街を訪ねて彼らの食物を描写する文章などは、松原が顔をしかめる様子が目に見えるようで思わず笑ってしまう。

人力車夫の集まる店で出される牛のホルモンの煮込について書いたところは文章も長く、松原はよほど印象的だったのであろう。

牛の臓物、膀胱、舌などを細かく切って醬油と味噌で味付け、血液も混ぜて煮込んだそれは異様な味でとても常人の口には合わない、調理法も不潔であり、人肉を食べているかのようである、と松原はいかにも気味悪そうに書く。鼻をつまんで見ていた様子が目に浮かぶ。この煮込を売り歩く者もいるが、年老いた障害者であり、煮込を入れた鉄鍋は錆ついている。この世には塵芥として棄てる物は一つもないのだと松原は感じ入っている。だが私にはこの煮込がとても旨そうに見える。

実は私もホルモン料理は苦手だった。これには一つトラウマがあって、子供の頃、母が豚の

人力車夫が集まる食物店（絵：久保田金僊、出典：松原岩五郎『最暗黒の東京』）

肝臓を鍋で煮ていたのだ。母は働いて疲れが溜まっていたのか、いつもはレバーを煮たりしないのだが、そのときだけ珍しくそんな料理をつくっていた。

私は母が何をつくっているかまったく知らず、台所の母の横に立つとふと鍋の中に醤油色の球体状の物体が入っている。それがまるで頭蓋骨のように見えた。「ギャッ」と私は心の中で叫んで、おそらく「これは何？」と母に聞いたであろう。母は「レバーだよ」と答えた。レバーという言葉を聞くことすらそれが初めてであった。

以来私はレバーやホルモンを相当長い間食べなかった。レバニラ炒めすら食べていない。焼鳥だって砂肝は食べてもレバーはあまり食べなかった。上司に連れられてホルモン屋に入り、豚の脳味噌と睾丸を食べろと言われたときは気持ち悪くて、おそらく松原のように顔をしかめ、箸をつけなかった。

こういう私がホルモンに目覚めたのは、もう五〇代になって東京の下町の立石にある有名なホルモン屋に行ってからである。うまい！　しかもホルモンを五種類食べて焼酎三杯を飲んでも一五〇〇円以下！　安い！　あまりに気に入ったのでそれから一年間くらい毎月一度は必ず通った。

そういうわけで、松原の文章を読むと、私はとてもうまそうに思えてしまうのだ。松原は立石のホルモンを食べていないのだろう。いや、松原が顔をしかめ、鼻をつまみながら見ていたホルモンだって、立石のホルモンくらいうまかったのではないかと思う。

『最暗黒の東京』が刊行されたのは明治二六（一八九三）年一一月である。明治の新体制が確立された直後、日清戦争の直前である。パリでアジェが写真を撮り始める少し前だ。

富国強兵、殖産興業の号令の下、軍事、輸出用紡績業を中心に産業の近代化が進み、東京に集まって来た人々は工場にゆき、あるいは都市生活を支える様々な底辺的職業に就き、安い賃金で働いた。ちゃんとした長屋とか工場内の寮に住めるというのはかなり良いほうであり、多くの人々が家とも言えぬ小屋のようなところに住んでいた。

そうした貧民街は当時、下谷、芝新網町、四谷鮫ヶ橋を中心に存在していたが、その後二〇世紀初頭までに現在の江東区、墨田区、荒川区、豊島区、板橋区などに移動拡大していった。日本橋、神田、上野、浅草、銀座などが近代化していくうえで、近代都市にふさわしくない貧民街は「郊外」に追いやられたのである（拙著『下町はなぜ人を惹きつけるのか？』参照）。

横山源之助がこうした状況もレポートし「貧街十五年間の移動」を著したのは一九一一年であり、『日本之下層社会』から一二年後である。それはアジェがパリ郊外の撮影をしていた時期（一九〇一～一六）と重なる。横山とアジェは同じ時期に東京とパリの郊外を記録していたのだ。

浅草「正ちゃん」の煮込み鍋

郊外というものは、中流階級の住む健康な住宅地として二〇世紀初頭以来開発されたものという認識が一般的である。が、そうしたポジティブな意味を持つ郊外とは別に、都心から追い出された、排除されたもう一つの郊外が、パリと同様、東京にもあったのであり、それらの郊外は東京の東側、北側に発達したのである。

ホルモンを食すのはそれが肉体労働にとって必須のエネルギー源だったからで

あり、当時の人々は一日五合の飯を食べるのが普通であった。どんぶり一〇杯分である。それくらいキツい労働をしていたのである。宮沢賢治の詩にも「一日に玄米四合と味噌と少しの野菜」とある。玄米は完全食であるから、他におかずがなくても必要な栄養素、ビタミンも蛋白質もみな取れる。それを一日四合（どんぶり八杯）食べるのである。加えてホルモンを食う。それくらいキツい労働を車夫はしていた。

もちろん都市論として重要なのは、ホルモンが無気味だったか美味だったか栄養豊富だったかではない。問題はこうしたたくましき労働者たちが集まる都市を、なぜ東京は近代化とともに恥ずべきものとして外に追い出して来たという点にある。都市をひ弱な色白のインテリやホワイトカラーの男たちや、華やかな買い物好きの、流行服を着、美しく化粧をしたモガたちのものにしてしまった点にある。

Book

最暗黒の東京
松原岩五郎 著
民友社（一八九三）
岩波文庫（一九八八）★
講談社学術文庫（二〇一五）

★は筆者が読んだもの（以下同）

Profile

松原岩五郎　まつばら・いわごろう
（一八六六～一九三五）
小説家、ジャーナリスト。二十三階堂、乾坤一布衣《けんこんいちほい》などと号した。鳥取県の造り酒屋の四男として生まれるが、松原家の養子となる。その後、東京に出て、さまざまな仕事を経験する。一八八八年、最初の著書、『文明疑問』を自費出版。九二年、幸田露伴の紹介で『国民新聞』に入社し、下層社会探訪記「芝浦の朝烟」をはじめとしたルポルタージュを連載した。それらに書き下ろしを加え、『最暗黒の東京』として九三年、民友社から刊行した。同書は記録文学の傑作として、横山源之助『日本之下層社会』とともに高く評価された。

関連文献

横山源之助『日本之下層社会』教文館、一八九九／岩波文庫、一九四九
中川清編『明治東京下層生活誌』岩波文庫、一九九四
中川清『日本の都市下層』勁草書房、一九八五
森千香子『排除と抵抗の郊外――フランス〈移民〉集団地域の形成と変容』東京大学出版会、二〇一六

03

«

人間の道も曲がっている

ル・コルビュジエ『ユルバニスム』

「王様の耳はロバの耳」

これはどこぞの国の総理大臣に聞かせたい言葉だが、

「曲がった道はロバの道」

はル・コルビュジエの言葉である（以下「コルビュジエ」とする）。

対して

「直線の道は人間の道」

である。

「曲がった道」は「有害、困難、危険」である。

対して「直線は……自由な支配の結果である。それは『都市の魂にとって』健康で高貴だ。」

という。

ほんとかよ⁉

「人間は、目的をもつゆえ真直ぐ進む。人間は行く先を知っている。」

えーっ！　私は行き先を知らないが。行く先なんて誰も知らんだろう。行き先を知っているのは、行き先を定められたのはロボットだ。いや、ロバだ。あれ、どっちだ。

行き先を定めるのは人間か？　人間はただ、行き先を定めるだけでよい存在になるのか？

そして、「未だかつてない人間性の高みに登りつめたとうぬぼれる」（ウェーバー）のか？　いや、むしろ、いずれＡＩが、ロバやロボットや人間の行き先を定めてくれるのだろう。

「ろばはあちらこちらし放心し気が散ってちょっと立止まり、大きな玉石をよけるため、坂を避けるため、影を求めるため、あちらこちらする。できるだけ努力をしない。」

ああ、私はロバでありたい。私がロバであったら、どんなに立ち止まり、どんなに嫌な坂を避け、どんなにあちこちブラブラし、どんなに努力をしないで生きるだろう。私の人生の最大の反省は努力をしなかったことなのに、努力をしないロバがこんなにも恋しいとは！　とまあ、ニーチェ風の風刺を言ってみたい（コルビュジエはニーチェ風の誌的文章を書く）。

「人間は理性によって感情を統御し、抱く目的のために感情と本能を抑制する。知性によって獣性をコントロールする。」

ああ、コルビュジエよ、私にその非人間を与えよ。理性が感情を制御せず、目的などなく、本能と獣性によって生きさせよ。

「ろばがヨーロッパ大陸の都市の道筋を引いた、不幸にもパリをも。」

そうだろうか？　不幸ではない。反対だ。幸福だ。史上最大の幸福である。パリがロバの道であることは!!

「都市は、生活と激しい仕事の場である。」

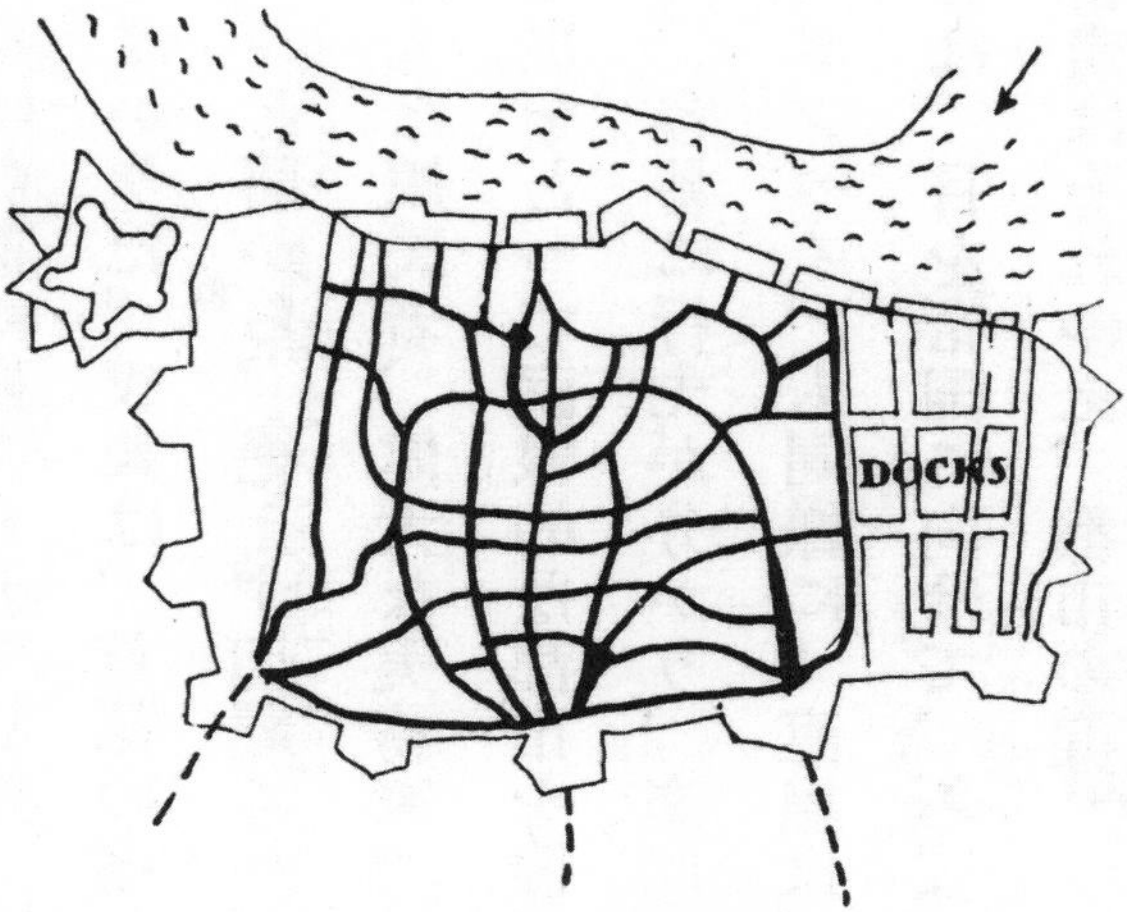

17世紀のアンヴェール。コルビュジエは「町は出入りの道に沿って行き当たりばったりに大きくなり、幾世紀の経過に巧みに応じて、結局、美しい曲線的な平面計画となった」と記している（出典：ル・コルビュジエ『ユルバニスム』鹿島出版会）

仕事しすぎだよ、コルビュジエ！

「休息し弛緩する無関心な民族、社会、都市は、行動し自己支配する民族、社会によってたちまち散らされ、負かされ、吸収される。こうして都市は死」ぬ。

そうかなあ？　だいぶおかしいよ、コルビュジエさん。これはまさに植民地思想だ。カルヴィニズムの時計職人の町ラ・ショー＝ド＝フォンで育ったあなたの独断と偏見だよ。

「都市は純粋な幾何学である。」

デカルト的世界観ではね。

「自由であれば、人間は純粋な幾何学に向かう。そのとき、秩序と呼ばれるものが作られる。秩序は人間に欠くことができない。

秩序がなければ、行為は脈絡のない、可能な連続性もないものとなろう。人間は秩序に優秀さの観念を加え与える。」

そうだね。でも秩序は直線である必要はない。曲がりくねった道にも人間にとっての秩序はある。

しかしコルビュジエは言う。

「曲がった道は本質的に絵画的である。」

そうでしょ。

「絵画的なものは、使い間違えば速やかに倦きられる楽しみである。」

使い間違わなければいいのでは？

だんだんコルビュジエの詭弁が明らかになってきた。

「アパートは、われわれの安全さと快適さを確保する機械的、建築的要素の集まりである。」「現在の都市は、幾何学的でないがゆえに死にかけている。高層に建てること、それは、不規則で非現実的な敷地」「を規則的な敷地に変えることである。」

変えなくていい。コルビー、君は国土交通省の役人か？　いや、逆だけど。私の国の都市計画や建築の役人が、いったいどれだけ君の影響を無自覚に受けたことか!!　そして君の言うとおりの、でも君が天才的に描いたものとは全然ちがう、非美的なビルディングを日本中につくっ

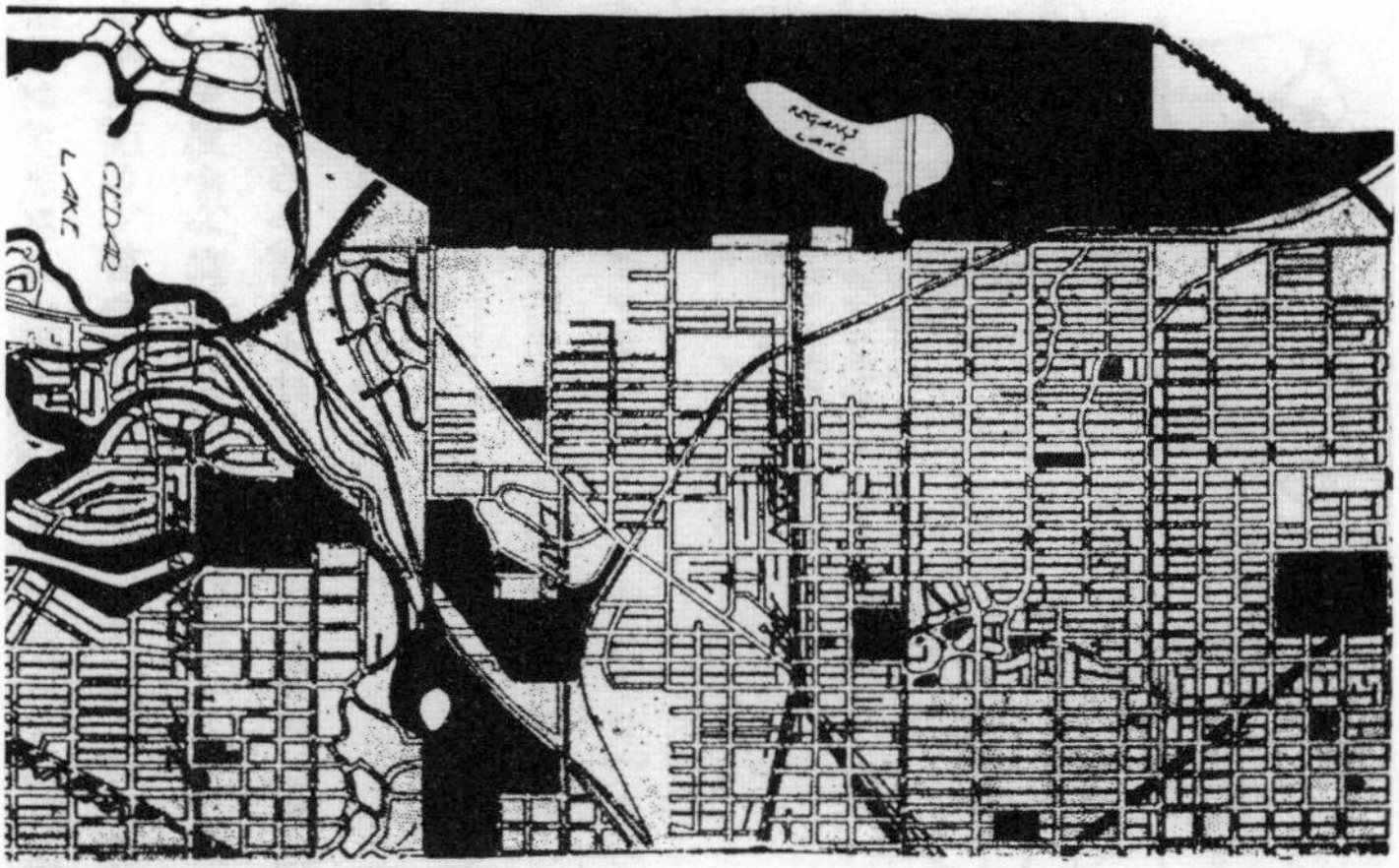

ミネアポリス(部分)。「これは民衆の生活における新しい倫理のしるしである。アメリカ人がヨーロッパ人に驚き、ヨーロッパ人がアメリカ人に驚くのはこのためだ」
(出典:『ユルバニスム』)

たことか!!

「その他には、救いはない。」

いや、ある。

「規則的な設計の結果は、大量生産である。」

コルビー、君は自動車の設計者になったほうがよかったんだ。

「大量生産の結果は、標準であり、完全さである。(型の創造)。」

コルビー、君はトヨタの技術者になったほうがよかったんだ。

『ユルバニスム』が刊行されたのは一九二五年であり、同年『今日の装飾芸術』『近代絵画』も出される(オザンファンと共著)。言うまでもなく二五年はアール・デコ展(装飾芸術展)のエスプリ・ヌーヴォー館にコルビュジエが出品した年でもある。さらに一九二〇～二一年に『エスプリ・ヌーヴォー』に連載した「建築をめざして」も単行本として二三年刊行。三年前の二二年にコルビュジエは従弟のピエール・ジャンヌレとともにパリにアトリエを開き、「シトロアン住宅」と「三〇〇万人のための現代都市」を提案する。そして「三〇〇万人のための現代都市」を「パリ改造計画」として改編し、「ヴォワザン計画」と称してエスプリ・ヌーヴォー館に展示した。

このように一九二五年前後はまさにコルビュジエが「誕生」した時代である。

そしてアジェが没するのは二七年。都市が変わろうとしていた。

補遺

コルビュジエは、スイスの時計の町として知られるラ・ショー＝ド＝フォンで時計の文字盤職人の父エドゥアールとピアノ教師の母マリーの次男として生まれた。コルビュジエも時計職人の道を進むつもりでいて、時計職人を養成する地元の装飾美術学校で学んだが当時時計産業は斜陽化しつつあり、またコルビュジエは弱視のため徐々に別の道へ進むことを模索した。

この地で本格的に時計産業が始まったのは一八世紀の初め。当時の時計大国フランスで時計産業に従事していたユグノー（プロテスタント）が迫害を恐れて移住してきたのがきっかけとなり、時計産業が根付いた。同地からは時計メーカーを立ち上げる起業家も現れたが人口が急増したことで住環境が悪化。一七九四年に大火災が発生して街の多くが焼失した。そこで同地の人々は都市計画を見直し、人口の三分の一が従事していた時計産業のための都市をつくることにした。時計工房に太陽光をたくさん取り入れるため街の南斜面に碁盤の目状に街区をつくり、南側には必ず庭を設けることで部屋の奥まで光が届くようにした。しかも建物の高さは、一年で最も日が短くなる冬至に合わせて設計されていた。

このように特定の産業に合わせて都市計画を行うというのは、他には類を見ないことでマルクスらの多くの学者や知識人がこの街を視察に訪れ、マルクスは「ここは工場都市だ！」と感動したという。こう考えるとラ・ショー＝ド＝フォンに生まれたことがコルビュジエの思想と建築に影響を与えたことは想像に難くない。

とはいえ、コルビュジエと同じ年に同じラ・ショー＝ド＝フォンで生まれた詩人ブレーズ・サンドラールは、一九四九年、写真家ドアノーと共に著した写真文集『パリの郊外（La Banlieue de Paris)』にこう書いた。「郊外という場を社会的幻想のようなものに変える急造の豊かさの夢。低価格集合住宅の団地を建設するために陰気なパリの城壁を取り壊し始めたとき、私はその夢が実現すると思いこんだのだが、」「団地群がパリを取り囲んでいる今日、もはや幻でしかない。あれより絶望的なものは想像できない。」（『パリ南西東北』昼間賢訳、月曜社）してみると、同じ年に同じ年に生まれることに意味はないのか。

Book

ユルバニスム

ル・コルビュジエ 著
樋口 清 訳
鹿島出版会（一九六七）

原著
Le Corbusier, *Urbanisme*, Les Éditions G Crès & Cie, 1924

Profile

ル・コルビュジエ Le Corbusier
（一八八七〜一九六五）
建築家・都市計画家。本名：シャルル＝エドゥアール・ジャンヌレ（Charles-Cdouard Jeanneret）。スイスのラ・ショー＝ド＝フォン生まれ。同地の美術学校で彫金や彫刻を学ぶが、彼の才能を見出した校長の勧めもあり、建築の道を歩み始める。一九〇八年、パリのオーギュスト・ペレの事務所に勤務（〜〇九）。その後、ベルリンのペーター・ベーレンスの事務所に籍を置き、建築を学んだ。一四年、ドミノシステムを考案。二〇年、画家のオザンファンと共同で『エスプリ・ヌーヴォー』誌を創刊。二二年、パリで従兄弟のピエール・ジャンヌレと事務所を構える。二三年、『建築をめざして』を発表。本書に記した「住宅は住むための機械である」という言葉は世界的な注目を集めた。モダニズム建築の先駆的な作品や理論を発表するとともに、「ヴォワザン計画」（一九二五）など都市計画も手掛ける。主な建築作品に「サヴォワ邸」（一九三一）、「ユニテ・ダビタシオン」（一九五二）、「ロンシャンの礼拝堂」（一九五五）などがある。世界中に点在する彼の一七作品の文化的価値が認められ、二〇一六年、世界文化遺産に登録された。

関連文献

今橋映子『〈パリ写真〉の世紀』白水社、二〇〇三
ヴァルター・ベンヤミン『パサージュ論』岩波書店、一九九三／岩波現代文庫、二〇〇三

04

これは社会学・社会政策学である

今 和次郎・吉田謙吉『モデルノロヂオ　考現学』

考えてみると一九一〇年代後半というのは大変な時代であって、一四〜一八年に第一次世界大戦があり、一八年、シュペングラーは『西洋の没落』を著し、ロシア革命があった。大戦のおかげで日本経済は成長したが、それは成金を生んだだけで、一般庶民は貧しいままであり、そのため日本でも社会主義運動が盛んになった。一九一九年には都市計画法が制定される一方で、二〇年に東京府に社会局ができるなど、都市政策・社会政策が急務となった。増大する中流階級は東京西側台地の上に郊外住宅を建てて住むようになり、二二年の平和記念東京博覧会における住宅展示「文化村」を機に、その名前を頂戴した堤康次郎によって「目白文化村」が誕生した。

二三年には丸の内に三菱が「丸の内ビル」（丸ビル）を完成させ、渋沢栄一は田園調布を分譲し、日比谷にフランク・ロイド・ライトによる帝国ホテルが開業した。九月一日、ホテル開業のその日の一一時五八分、発生したのが関東大震災である。

大震災により東京下町を中心とする市内人口が西側台地に向かう速度が加速され、街のシンボルである「十二階」（凌雲閣）の倒壊とともに衰退した浅草に代わって、銀座が花の東京の新しい繁華街として台頭した。

都市計画法により東京は東側低地が工業地帯と定められたので、かつては大名屋敷であった土地も工場となり、日本中から離農した人々が東京に集まり、労働者階級や雑業者層を形成し、その中から貧困層が集住する地域が形成された。

東京市内に居住していた貧困層も、近代都市化する東京市内から排除され、浅草から本所・向島・深川へ、上野から荒川方面へなど、市外に貧困層の集住地（不良住宅地）がいくつも誕生することになった。賀川豊彦が本所松倉町にセツルメントを開いたのは一九二三年九月一九日、東大セツルメントが本所柳島に完成するのが二四年六月一〇日である。

こうした東京の大変化の中で、今《こん》はまさに、銀座、本所・深川、阿佐ヶ谷・高円寺という東京の震災後の三つの新しい地域（上流、下流、中流階級に対応した地域）を調査するに到ったのである。今は一八八八年七月一〇日生まれ、ル・コルビュジエは八七年一〇月六日生まれで九カ月ちがいのほぼ同い年である。

コルビュジエが『ユルバニスム』を書いたのは一九二四年。アール・デコ展のエスプリ・ヌーヴォー館に「ヴォワザン計画」を発表したのは二五年。その頃、今和次郎は震災後の東京を歩き回り、銀座、阿佐ヶ谷、高円寺、本所、深川などで「考現学」の調査を行っていた。本所の活動にも関わり、東大セツルメントの建物の設計もした。阿佐ヶ谷を調査したとき、住宅と商店の数の割合は七五対二五であり、それは東大セツルメントのある本所と同じ割合であると書いている（『考現学入門』一八九頁）。阿佐ヶ谷と本所を同じ視点で比較しているのである。

さらに同じ二五年、『女工哀史』が出版された。本所区（現在の錦糸町駅北側）の紡績工場で長時間労働をする女工たちの実態を記録したものだ。同じ年、同じ本所とその南の深川で今は「本所深川細民窟調査」を発表している。仕事を求めて流入した労働者たちのなかから、貧しい雑業者が大量に発生し、湿地のようなところに急ごしらえでつくられた粗末な長屋に彼らは集まり住んだのだった。

そういう意味で東京もコルビュジエの描いた「輝く都市」のような清潔な都市にいつか生まれ変わらねばならぬと思える状況にあった。

今が考現学をモデルノロヂオと名づけたことの背景にはまさに「モダン」とは何かという問いかけがあったのではないか。ところが、今の絵のあまりのうまさと、「考現学」の「現」が何となく「現象」の「現」に見えてしまって、表層的な流行現象を観察しているだけで十分面白いように誤解されてしまったのではないかと私には思われる。私自身がそう誤解したからである。考古学に対して名づけるなら「考新学」でもよいはずで、実際「古」に対置すべきは「今」だから「考今学」とすべきだと言われたこともあるという。今和次郎が考今学ではおかしいが、単に今《こん》は「今《いま》」「新しいもの」を考えたいと思ったのではないのだと思う。やはり「モダン（現代）」という時代、社会、そこにおける都市と生活の本質を考えたかったのだ。だからまず「モダンノロジー」という言葉を着想して、その訳語を考えたのである。だからそれは「考現学」をおいて他になかった。言い換えればそれは「現代学」「現代社会研究」「現代生活研究」「現代都市研究」であったのだ。

今は一九二七年の新宿紀伊國屋書店での「しらべもの展覧会」のときに、すでに考えてあった「考現学」という言葉を初めて一般に公開したが、その西洋語訳として「現代学すなわちモダノロジーとしたらばいい」と決定した（『入門』三七二頁）。考現学は現代を考える学だと規定されたのである。

実際今和次郎はマックス・ウェーバーまで読んでいたという（黒石いづみ『「建築外」の思考』二八頁）。しかもウェーバーの「プロテスタンティズムの倫理と資本主義の精神」を大学で講義していたというのだから本格的である。今が単に「現代」「近代」の「現象」ではなく本質をどれだけ突き詰めようとしていたかがわかる。

都市というものが、人々に強く問題視される存在となるのは一九世紀のことと言ってよい。産業革命と都市への人口集中により、ロンドンの人口は一九〇〇年から一〇〇年間で六倍になり、パリの人口は一八〇〇年の五五万人から一九〇〇年には三三万人に六倍、ウィーンの人口は同じく一〇〇年で二三万人から一七〇万人に七・四倍に増えた。

こうして華麗な都市文化が花開いたわけだが、それは同時にデカダンスな世紀末文化の誕生を意味した。他方貧困層も拡大し、社会主義運動も盛んになっていく。

こうした世紀末のパリでアジェは郊外へと排除された人々の撮影を開始し、横山源之助は貧民窟を探訪した。

遅れて、一九二〇年代になるとベルリンや東京、大阪の都市文化が爛熟しはじめる。東京は一八七五年の七八万人からたった五〇年後の一九二五年には五三〇万人、六・八倍に増えていた。一九二〇年代には郊外住宅地開発が進み、富裕層と貧困層の住む場所は高台の住宅地と低湿地の工場地帯とに分離していく。

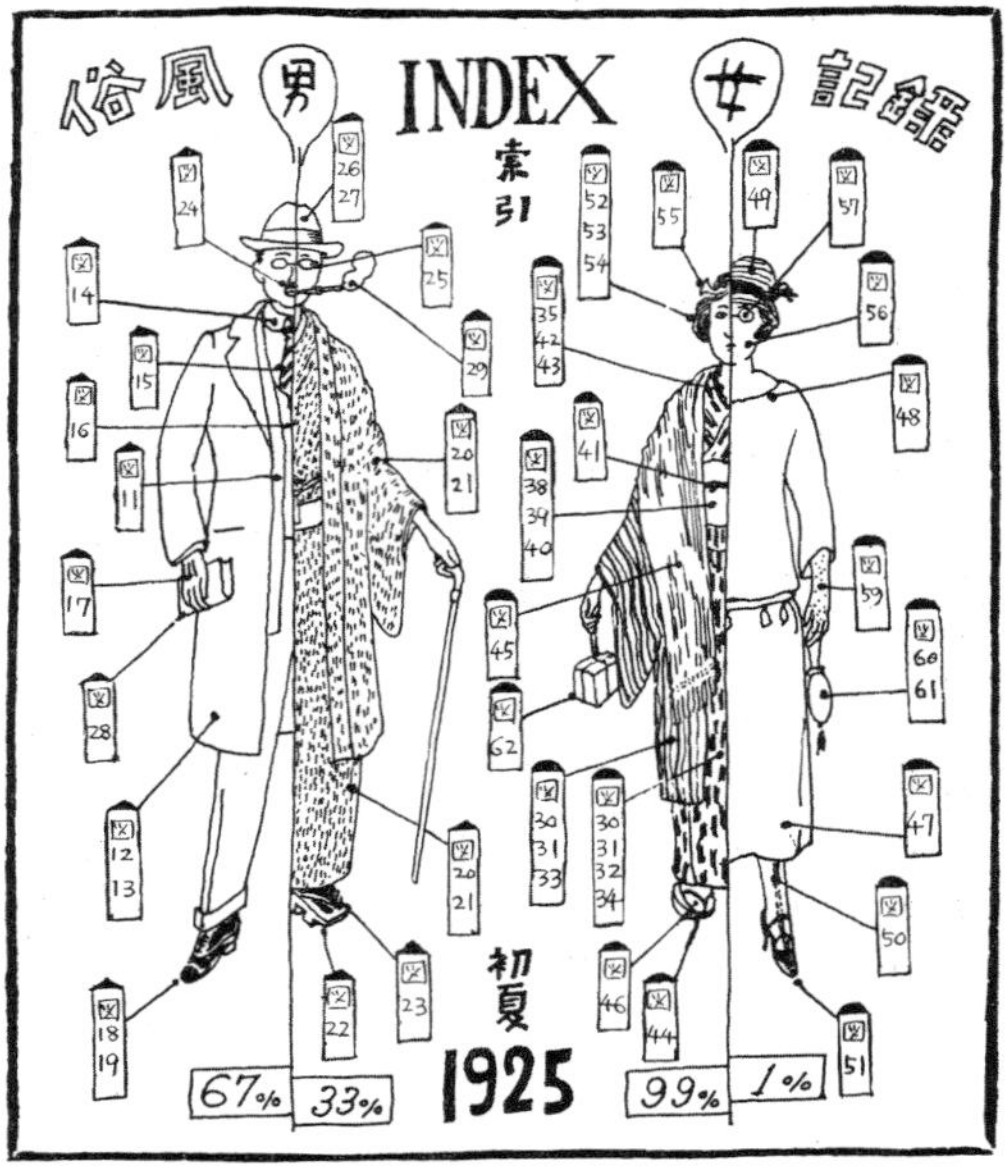

銀座を歩くモボ、モガの服装統計
(出典:今和次郎・吉田謙吉『モデルノロヂオ　考現学』)

こうした時代に今和次郎は、貧民窟の調査を始め、遠くパリではコルビュジエがモダニズム建築を創始した。モダノロジーとモダニズム。もちろんコルビュジエの「輝く都市」も暗く湿った路地裏や貧民窟を一掃し、太陽と緑にあふれた新都市を建設しようというものであったが、そこでは貧民はどこに住むのかが想定されていなかった。おそらく貧民は社会からいなくなり、万人が豊かになるという想定だったのである。それは真鍋博のイラストでも同じであろう。

しかし今《こん》は、貧困問題の解決を簡単には考えられなかった。同時に、飢えて死ぬほどではない、そこそこの貧しい暮らしの中の「豊かさ」というものをおそらく信じていた。

考現学は言うまでもなく都市を歩くことによって生まれている。歩くのは当たり前のようであるが、散歩というものは近代化以降西洋から輸入された文化であり、それ以前は漫然と街を歩くということを人はしなかった。特に一般庶民は目的をもって、仕事のため、娯楽のためにどこかに向かって歩いたのである。

建築や都市を研究する人々の間でも、建築を見て歩く、都市を歩くということはあまりなかった。だからこそ、藤森照信は東京の街を歩いていると、教科書に出ている建築がまだここに、目の前にある！　といって驚いたのである。陣内秀信も東京を歩き回って、江戸や近世以前の道や地形が一九八〇年代になってもまだ残っていることを発見して驚いたのである。

これは今《いま》から見るとなかなか不思議な現象である。だが、それくらいそれまでの都市や建築に関する学問は、座学であり、西洋の輸入だったのである。日本の現実を見て回るということをしなかったらしいのである。

しかし今《こん》は日本の現実を歩き回った。西洋見聞もしたが（西洋見聞時の絵はがきも本になっている）、重要なのは日本の民家や銀座の服装や髪形や、井の頭公園の自殺の場所や阿佐ヶ谷の家の屋根瓦の色などなどの現実に興味を持った。

このように都市社会学者でもあった今和次郎は、しかし、これまで何だか変わった物好きなおじさんのような人物としてイメージが定着してしまったところがある。その一因は藤森照信の紹介の仕方にあったのではないか。

たとえば『路上観察学入門』における藤森の今《こん》の紹介の仕方を見ると、まず今の都市の見方は「空間派」ではなく「物件派」であり、その意味で藤森系だという。「空間派」とは都市に「隠れた秩序」とか文脈を読みとり、現在と過去をつなぐ法則のようなものを見つけ出し、そうした秩序を破壊した近代を批判し、歴史的文脈を踏まえた都市の再生を主張する。

対して「物件派」は水面をただよう壊れた人形や木片や空き瓶に目が行く。だから「全体を貫く秩序の方は網膜に跡を残してくれない。」(『路上』一六頁)

こうした二元論で今を物件派に分類してしまうと、今は考現象学者、考物学者となってしまい、考現代学者とは想像だにされなくなってしまう。

あるいは、『考現学採集』掲載の吉田謙吉の描いた犬の破いた障子の絵を見て、「こんなの記録しても何の意味もないじゃない。」「生涯何の意味もないよ。(笑)」などと笑ってすませてしまう。

たしかに今《こん》と比べると吉田謙吉には社会学的視点が不足しているように思う。そしてもちろん藤森は今が単なる物好きな変人だとは思っていないはずだ。

しかし『路上』ではトマソン一派が座談の相手であり、全体として軽いトーンの本であるために、今が軽く描かれてしまう。これは八〇年代の風潮でもある。「文化」に対して「軽チャー」、「まじめ」に対して「面白まじめ」、「重厚長大」に対して「軽薄短小」。「ネクラ」に対して「ネアカ」、本当の「意味への問い」から「無意味さへの逃走」へ、等々、総じて六〇〜七〇年代における重さ、暗さを忘却しようとした時代の感性である。

だが「ニヒル」な今《こん》はそんなに明るくも軽くもないはずである。ましてトマソンではない。それも明るく軽く無意味なものをよろこぶ変わった人として藤森は紹介してしまった。ほとんどすべての人々は、藤森が紹介するまで今和次郎を知らなかったのだから、藤森の紹介の仕方が今のイメージを長らく決定してしまったのではなかろうか（私はパルコに入社し『アクロス』という雑誌の編集部に配属されると、先輩女性に「三浦君、今和次郎知らないの?」と言われたが、それはとても稀有な職場である）。

今が単なる物件派でないことは、関東大震災についての文章からもわかる。

「大震災、あのとき多くの市民は焼出されて住宅を失ってしまった。当時、焼け跡のトタン板を彼らは集めて小屋を造った。それから、支給された材料でバラックを個々で営んだ。」その後、「区画整理によって、一律な整然たる道路網」ができ「在来の小住宅が小商店へと」変わり、人々は郊外に転出し、土地所有者の「営利の目的で、土地分譲が流行りだした。」「それは、市内住宅の滅亡と」「住宅地と労働地、住宅場所と働く場所との分離と」「住宅の営利化の弊害のワナからのがれるべくあえぐ」「中流以下の市民のもがきを表明している」。「桶屋も鍛冶屋も、もはや市内には見られない。」「住宅の営利化は、都市敷地の投機的な独占による地価地代の驚くべき高騰」によって「一般都市住宅のスラム化が起こってきたのだ」(「大東京未来記」一九二九/所収『今和次郎集　第9巻』ドメス出版、二九九〜三〇一頁)。「凹所をなして発達の遅れる場所には」「地価の安いのが利用されて、粗末な長屋が建てつらなって、名前ばかりの都市の一部がそこにも広げられていくこととなる。」「都市の発達に伴われて急速に増加していくところの貧乏人はそこに住むこととなる。」「いわゆる『貧民街』のできる場所である。場合によっては」「安工場がその間に建てられる。」「きたない煤煙をどしどし吐きたてる。」「吐けの悪い下水溝へ毒水をも吐出して、うんざりするような溜水をとどこうらせる。そのうえやかましい、がちゃがちゃすする音は、ここの住民の胸を四角三角にかき乱して、がまんの気力を失わしむることとなる。」「少しでも(土地の)低い、また不快な個所は、みんな貧民街となってしまう」(「都市改造の根本義」一九一七/所収『今和次郎集　第9巻』三二〇頁)。

このように今の関心は震災後の焼け跡のバラックや貧乏人の持ち物などの「物件」そのものではなく、都市と社会の構造であり、格差であった。今和次郎は食堂の茶碗がどれくらい欠けているかも調べて絵に描いている。一見これも好事家の仕事のように思えるが、金を払って食べるのにこんな欠けた茶碗はひどいだろうと今は怒っているのである。そして当時増えていた公営食堂においては、多数の利用に耐える頑丈な茶碗にするべきで、家庭用の弱い茶碗を欠けたまま出すべきではないという趣旨の書き方をしている。これは極めて社会科学的、社会政策的、ジャーナリズム的問題関心である。社会の文脈の中で都市や建築を見ているのである。むしろ今は社会学者であると言ってもよいくらいであろう。そうでなければマックス・ウェーバーを原書で読むだろうか。

Book

モデルノロヂオ　考現学

今和次郎・吉田謙吉 編著

春陽堂（一九三〇）

Profile

今和次郎　こん・わじろう

（一八八八〜一九七三）

建築学者、民俗学研究者。今家は代々津軽藩の典医。

一九〇七年、東京美術学校図案科（現在の東京藝術大学美術学部）に入学。一二年、早稲田大学建築学科助手。上司は佐藤功一。同大学で長く教壇に立つ。佐藤功一の勧めで民家研究をするために一七年に設立された「白茅会」に参加。郷土会の柳田国男や地理学者・小田内通敏らと交友。「白茅会」は一年あまりで活動を終えたが、今は農務省嘱託として民家研究に没頭。『日本の民家』（一九二二）にまとめた。また小田内著『帝都と近郊』（一九一八）の民家イラストは今による。

二三年の関東大震災後、バラック装飾社を設立し、設計を行うと共に、生活復興、風俗観察、服装研究などを行い、「考現学」を提唱。

旧来の家政学や社会政策学への批判を踏まえ生活学を提唱。七二年日本生活学会を発足し、会長に就任。没後の七五年、今和次郎賞が設けられた。

吉田謙吉　よしだ・けんきち

（一八九七〜一九八二）

舞台美術家。父は越後出身の機械油商で上杉謙信にあやかって謙吉と命名。母と姉は三味線の名手で、家には芸者、幇間などが出入りしていた。一九二二年、東京美術学校図案科卒業。シェイクスピア劇「シーザー」を見て新劇に熱中。一九年、今和次郎を知り、西洋服飾史・文様史を学ぶ。

関東大震災後、演劇復興のため二四年に土方与志と小山内薫が創設した築地小劇場に宣伝・美術部員として参加。

また関東大震災の頃から街中の看板等を写生する活動を始め、二四年、雑誌『建築新潮』に「バラク東京の看板美」を寄稿。これらの活動が後に「考現学」に発展し、三〇年、今和次郎とともに共著『モデルノロヂオ』を上梓する。

近年ＬＩＸＩＬギャラリーで「吉田謙吉と12坪の家――劇的空間の秘密」が開催されるなど改めて注目を集めている。

関連文献

黒石いづみ『「建築外」の思考――今和次郎論』ドメス出版、二〇〇〇
黒石いづみ『東北の震災復興と今和次郎――ものづくり・くらしづくりの知恵』平凡社、二〇一五
川添登『今和次郎』リブロポート、一九八七／ちくま学芸文庫、二〇〇四
今和次郎著・藤森照信編『考現学入門』ちくま文庫、一九八七
今和次郎『今和次郎集　第9巻　造形論』ドメス出版、一九七二
今和次郎『今和次郎　採集講義』青幻舎、二〇一一

05

初老の男が疲れたとき

永井荷風『濹東綺譚』

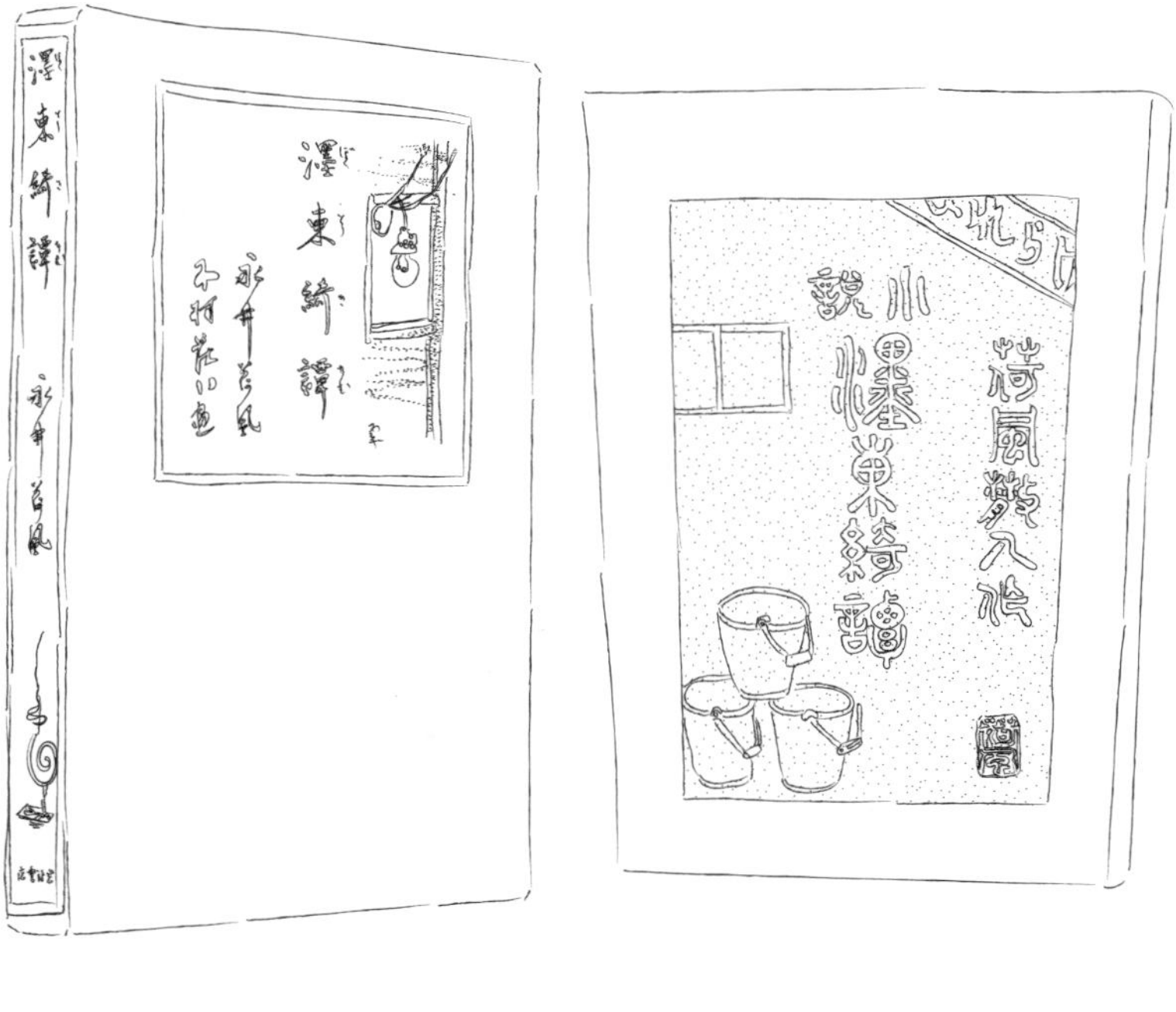

荷風を読むと街を歩きたくなる。そういう経験をした人は多いだろう。荷風といえば日和下駄、散歩といえば荷風であって、毎日昼過ぎともなれば街に出て、そこここを歩き回り、夕方になると食事を取り、その後また夜のちまたに歩き出す。誰だってそんな暮らしがしてみたい。

そうした荷風文学の中でも、最も人気のあるのは言うまでもなく『濹東綺譚』である。ただでさえ密度の濃い荷風の街描写が、この作品では、狭い路地で構成された玉ノ井そのものの密度と相乗効果を成すのか、夜の話であることも手伝って、ギュギュッと詰まった濃密な都市の情景が立ち現れるのである。

逆に言うと、東京の町、特に浅草から南千住、向島方面を少しは歩いたことがないと荷風の叙述の面白味も理解しにくい。ああ、あのへんか、そんなものがあったかな、昔はあったのだろうという勘がちょっとは働くと、俄然興味が沸くという文章である。

私も何度かこのあたりを歩いたが、気になる風景に出くわすと、即座にデジカメやスマホで写真を撮ってしまう。しかし荷風はカメラの代わりに言葉で風景を写し取るのである。無意識に感覚的に撮った写真よりも荷風の言葉による記録のほうが細かく的確であることは言うまでもない。荷風の目がレンズで脳がカメラの機構で言葉が印画紙に現れ出てくるようなのだ。

「わたくしは夏草をわけて土手に登って見た。眼の下には遮るものもなく、今歩いて来た道と空地と新開の町とが低く見渡されるが、土手の向側は、トタン葺の陋屋《ろうおく》が秩序もなく、端《はて》しもなく、ごたごたに建て込んだ間から湯屋の烟突《えんとつ》が屹立《きつりつ》して、その頂きに七《なな》、八日《ようか》頃の夕月が

『濹東綺譚』挿絵(画:木村荘八、東京国立近代美術館蔵)

懸《かか》っている。空の一方には夕栄《ゆうばえ》の色が薄く残っていながら、月の色には早くも夜らしい輝きができ、トタン葺の屋根の間々からはネオンサインの光と共にラディオの響が聞こえ初める。」

目だけではなく、夏草を分け入る感触や音が聞こえ、においがよみがえり、夕方の淋しいような懐かしいような風情がしみじみに感じられる。視線は土手から空へ、土手の下へ、月からトタン屋根へ、そしてネオンサインへと上下左右し、耳はラジオの音を聞き取る。五感のすべてを動員してその場所を感じ取り、言葉にする。かつそれが単なる情緒的なものではなく、むしろ情緒に走ることを避けて、殺ばつとした近代都市の裏側をたった数行の文章によってドキュメンタリー映画のように描写している。

こういう静かな情緒性と冷たい記録性の融合したところが荷風文学の特質で、だからおそらく、いわゆる文学好きの人だけでなく、ジャーナリズム好きな人や映画好き、写真好きな人々も荷風に引き寄せられてしまう。

私のこの本は写真集をいくつか取り上げているが、ここで荷風を取り上げるのも、その映像的性格のためであろう。

映像的といえば荷風はしばしばカメラも持ち歩いており、下町の各所を撮影している。中でも興味深いのは荒川放水路の写真である。今は普通に荒川というが、水害を防ぐために大正期に大工事をして、荒川区の北を流れていた荒川を北千住の北側に付けかえ、鐘ヶ淵の東側を広げたのがこの放水路である。こういう人工的な新しい風景を荷風は写真に収めた。他にも砂町のガスタンクや城東地区に林立する煙突もよく撮影したという。煙突は江戸情緒を壊す野暮なものと否定しつつも、新しい「都市美」にも惹かれたのだという（川本三郎『荷風と東京』）。

近年は、ドイツの写真家ベッヒャー夫妻による『給水塔』『ガスタンク』などの写真集が注目され、日本でもダム、工場、団地など、近代的な構造物や建築が新たに注目されるようになっている。一方で、うらぶれた小屋、横丁、遊郭や赤線の跡地などへの注目も高まりつづけている。つまり、近代工業化を推進するシンボルと、近代化の中で生じた貧困や格差などに関わる都市の裏側の事象が同時に注目されるようになっている。荷風もまた同時にその二つの視点か

荷風が撮影した荒川放水路の写真(出典:『おもかげ』)

ら東京を見ていたことになる。現代人の興味関心を一〇〇年近く前に持っていたのである。

銀座や丸の内のような近代都市「首都枢要の市街」を嫌い、軍人を嫌い、庶民が住む「陋巷《ろうこう》」(=狭く汚い街)や江戸の言葉使いや仕草や気風を好み、一方でガスタンクや煙突や放水路にも興味を抱く。こういう一見矛盾したような心理は、現代でいえば都心のタワーマンションや高級ブランドの集結する商業ビルを嫌い、かつて「ヒルズ族」などと呼ばれた新興成金を嫌い、下町や横丁や路地裏を好み、一方で工場やダムに「萌える」人々の心理と実に一致している。こういう現代との共通性も荷風の人気を支える一因になっているのだろう。

私も、そういう現代人の一人として、この一〇年ほど下町や横丁や赤線跡地を歩いてきた。するとたしかに、錆びたトタンや朽ちた板塀、水はけの悪い低地ゆえにコケのむしたコンクリートの壁や、はげてかすれたペンキ文字などに、きらびやかな都心にはない別種の美しさを見出せるようになるのである。荷風も「真白だと称する壁の上に汚い種々《さまざま》な汚点《しみ》を見出すよりも、投捨てられた襤褸《らんる》（ボロ＝三浦註）の片《きれ》にも美しい縫取りの残りを発見して喜ぶのだ」と書いている（『濹東綺譚』）。

それは詰まるところ、人々の毎日の手仕事の積み重ねが見えるということであろう。消費都市である都心では、すべては出来合いの完成品として美しく清潔に磨かれている。誰かが磨いているのだが、人々はそれを気にせず暮らす。むしろ磨かれているものを消費することで汚したり、捨ててしまうのが都会の暮らしである。

それに対して庶民の暮らしというのは、あまり物を持たず、物は大体が借り物や中古品や代用品であり、壊れれば修繕し、最後の最後までそれを使い切るのである。使いこまれた物には独特の生気が生じ、黒光りしたり、傷や汚れも味となり、捨てるに捨てられぬ愛着をもたらすのである。

そのへんの町にあるどうということもない古い居酒屋などで、アルミホイルやタッパーウエアや輪ゴムの箱などが雑然と積み重ねられているのを見ると、妙に安心感を得ることがある。雑然としているようだが店の主人の頭の中では、いつも使うとおりにそれらの物が置かれているらしく、他にどう配置してみようもないような秩序すら感じられる。品書きの紙は茶色くなり、すでに文字が読めぬほどだし、鍋もフライパンも油がこびりついて黒くなっているが、かえってそのほうが、その店ならではの味のする料理をつくれるのである。そういうところに、我々は安堵する。落ち着いて居座って酒が飲める。

近年は横丁ブームということで、再開発でできた巨大なオフィスビルの中にすら、横丁を模した飲食店街がつくられることも多い。それらの観察をしていると、なかなか細部に至るまでよく考えられ、人間心理についても深く洞察して設計されていることがわかる。

だが、私は、たとえそうであっても、この新しい横丁には行かないだろう。新しい横丁は、大きな仕事が決まって祝杯を上げるには適しているが、初老の男が疲れたときや悲しいとき、あるいは昔を思い出して後悔したり、行く末をはかなんだりするときには適さないように思えるからだ。

そういえば数年前、湾岸再開発計画に助言をすることがあり、担当者から計画案の説明を聞いた。私の感想は、「ライザップで体を鍛えて、朝から晩まで元気が良くて、バジルのたっぷりかかったイタメシの臭いのしそうな開発ですね。でも日本人は高齢化しているのだし、元気な人も疲れた人もお金のある人もない人も来たくなる開発をしたほうがいいと思う」というものであった。開発はもう完成したが、まだ見ていない。さてどうなっただろう。

Book

濹東綺譚
永井荷風 著
岩波書店（一九三七）
岩波文庫（一九四七）
ワイド版岩波文庫（一九九四）★

Profile

永井荷風　ながい・かふう
（一八七九〜一九五九）
小説家、東京市小石川区生まれ。父・久一郎はプリンストン大学やボストン大学に留学経験もあるエリート官吏で、内務省衛生局に勤務していた。荷風は幼少よりエリートコースを歩み、また歌舞伎や邦楽に親しみ、漢学、日本画、書を学んだ。一九〇三年、父の意向で実業を学ぶべく渡米、日本大使館や横浜正金銀行に勤務。米国になじめずフランスに行き横浜正金銀行リヨン支店に勤務。退職後はパリで遊学。足繁くオペラや演奏会に通った。
帰国後、一〇年、森鷗外と上田敏の推薦で慶應義塾大学文学部の主任教授となるが、一七年、慶應大を辞して牛込区余丁町に住んで「断腸亭」と名付け、日記『断腸亭日乗』を書き始める。一九年、麻布市兵衛町に新築した「偏奇館」へ移る（現港区六本木一丁目。今は泉ガーデンタワーがある）。二六年頃から、銀座のカフェーに出入り。荷風の興味は旧来の芸者から新しい女給や私娼などに移り、また荒川放水路の新開地や浅草の歓楽街、玉の井の私娼街を散策するようになる。三七年、「濹東綺譚」を朝日新聞に連載。四五年三月一〇日払暁の東京大空襲で偏奇館は焼失、荷風は草稿を抱えて全国を転々とするが八月帰京。四六年、千葉県市川市菅野に住み、以後菅野界隈で何度か転居した。五二年、文化勲章受章。

関連文献

川本三郎『荷風と東京――『断腸亭日乗』私註』都市出版、一九九六／岩波現代文庫、二〇〇九

06 «

街は夜つくられる

中島直人ほか『都市計画家　石川栄耀』

高崎哲郎『評伝　石川栄耀』

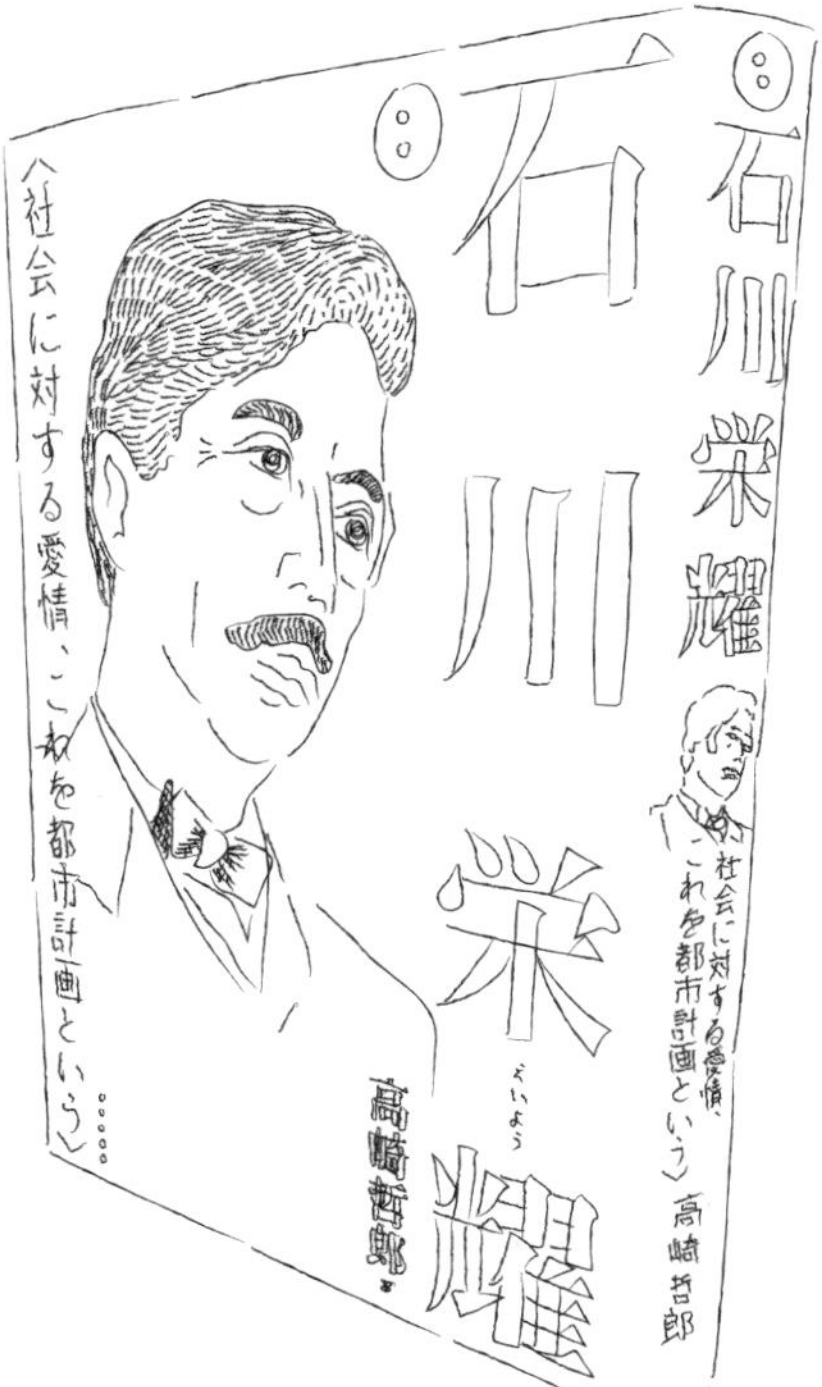

私がレッチワースに行ったのは二〇〇四年の六月と一一月の二回である。六月は住宅関連のある財団の研修ツアーに参加し、レッチワースに実際に住んで研究を進められた神戸芸術工科大学教授（当時）の齊木崇先生の引率・解説により、理解を深めることができた。

スコットランドの、ロンドンの北部一〇〇キロほどの地方からレッチワースに近づいてきて、私の胸はドキドキした。なぜかというと、レッチワースが私の期待通りではない街だったらどうしようと想われたからである。レッチワースには珍しいらしい青く抜けた空の下をバスはレッチワースに近づく。うねるような地形の土地に果てしなく草が風に揺れている。その風景だけでもすがすがしく満足の行くものなのに、肝心のレッチワースがダメだったら……。

しかし恐れは見事に解消された。レッチワースは期待通りに良かった。計画されてつくられたのに、計画されすぎておらず、細部は良い意味で適当で、ほったらかされており、それでいて各住宅の庭には素晴らしく手入れされたバラの花が咲き、一〇〇年近い歴史を持った住宅にしっくりと似合っている。

老後はレッチワースに住みたいと私は思った。もう老後と言ってもよい年齢にさしかかり、住むどころか移動の自由もないコロナ時代になってしまったが、いつしかもう一度訪れたい、そう思える場所である。言い換えると、人間はどういうところに住むべきかを考えるときに必ず訪れてみるべきところだと言えようか。

レッチワース構想の元となったエベネザー・ハワードの『明日の田園都市』は、わが国都市計画学の泰斗・石川栄耀に「決定的な影響を与えた」書物であった。

ハワードは、アジェが「パリ写真」を撮影し始めた一八九八年に『明日——真の改革にいたる平和な道』（*To-Morrow: A Peaceful Path to Real Reform*）を出版していた（一九〇二年にわずかに改訂した『明日の田園都市』（*Garden Cities of To-Morrow*）を出版）。『明日』の五年前の一八九三年に石川は生まれていた。

石川は一九四一年の論文「日本国土計画論」において「徳川時代に、街道の花と咲きほこった東海道の各駅が、今は見る影のないものになり果てた話は誰でも知っている事です」と書いている。これはアンウィンの影響ではないか。

一九二三年、今和次郎が考現学を始めた頃、石川は三〇歳で洋行した。そして、ハワードの理想を実現すべくレッチワース、ハムステッドガーデンサバーブなどの田園都市を設計したレイモンド・アンウィンを訪ねた。石川が訪ねたアンウィンはその著書『街づくり計画の実際』の中で、幕末の日本の都市に触れてこう書いている。

「わが国の同盟国日本では、梅や桜の花咲く季節になると、一年で最大とも言うべき祭りがあって、人々はそれぞれにお気に入りの木を目指して出かけていき、満開の花の下で酒宴を開き、春を祝うのです。もし我々イギリス人も、我々の国の通り沿いにこのような特質を与えることができたなら、仕事に行って帰るだけの人々を見ることはなくなるでしょう。人々は帰り道を変えて、早春にはアーモンドの並木道を、晩春にはプラムや野リンゴ、サンザシの木々を眺めて歩くでしょう。そして夏には、アカシア、キササゲ、大カエデの葉が光り輝きます。そして秋には、ナナカマドやビーチなどの木々が紅葉し、やがて落ち葉をはかなむ季節になるのです。」（拙訳。アンウィン『街づくり計画の実際——都市と郊外をデザインする技法の紹介』(Raymond Unwin, *Town Planning in Practice: An Introduction to the Art of Designing Cities and Suburbs*) 初版一九〇九年）

そのアンウィンに石川はみずからの名古屋の都市計画図を見せた。それを見たアンウィンは顔をゆがめ酷評した。

「あなた方の計画は人生を欠いている。」「この計画は産業を主体に置いている。いや、主体どころではない、産業そのものだ。」（漢字表記、句読点は読みやすいように若干改めた。以下同）。

工業中心の日本の都市計画ではない、「生命重視」の思想に触れた石川は、都市計画家としての「使命感を激しく掻き立て」られた。そして尊敬するアンウィンから「柔らかい意見」が聞けたことを喜んだ。そして早速ある都市計画雑誌に連載を始め、二六年に「夜の都市計画」「都市の味」という実に官能的（センシュアス）な新しい概念を提示した。

「我々はいつこの頃からか知らないが、日曜祭日、夜という語を完全に余暇という語の同意語にしてしまっている」。だが「本当の人生計画からいえば産業時間であるところの月火水木金土のしかも昼間が余暇で」あり「それ以外の時間こそ正味である。都市計画はすべからくこの人生の本態である正味の計画から初めその余地で産業計画をせよ」と石川は書いた。実は、人生の空いた時間に産業労働をして働くのであり、正味は夜にあるというのだ。

「夜」は「昼間とても得られぬ親しい人間味のある安静のときだ。トゲトゲしい昼の持つ、一切の仲たがいと競争と、過度の忙しさと、人間紡績機の乾燥さに静かに幕をおろし、本来の人なつこい心に帰る時である」。「近代文明は土地と土地の距離を短くしたが、その代わりに人の心と心を遠くした、とある社会学者が言った。」「この、人と人との間に失われつつある、愛の回復のために夜の親和計

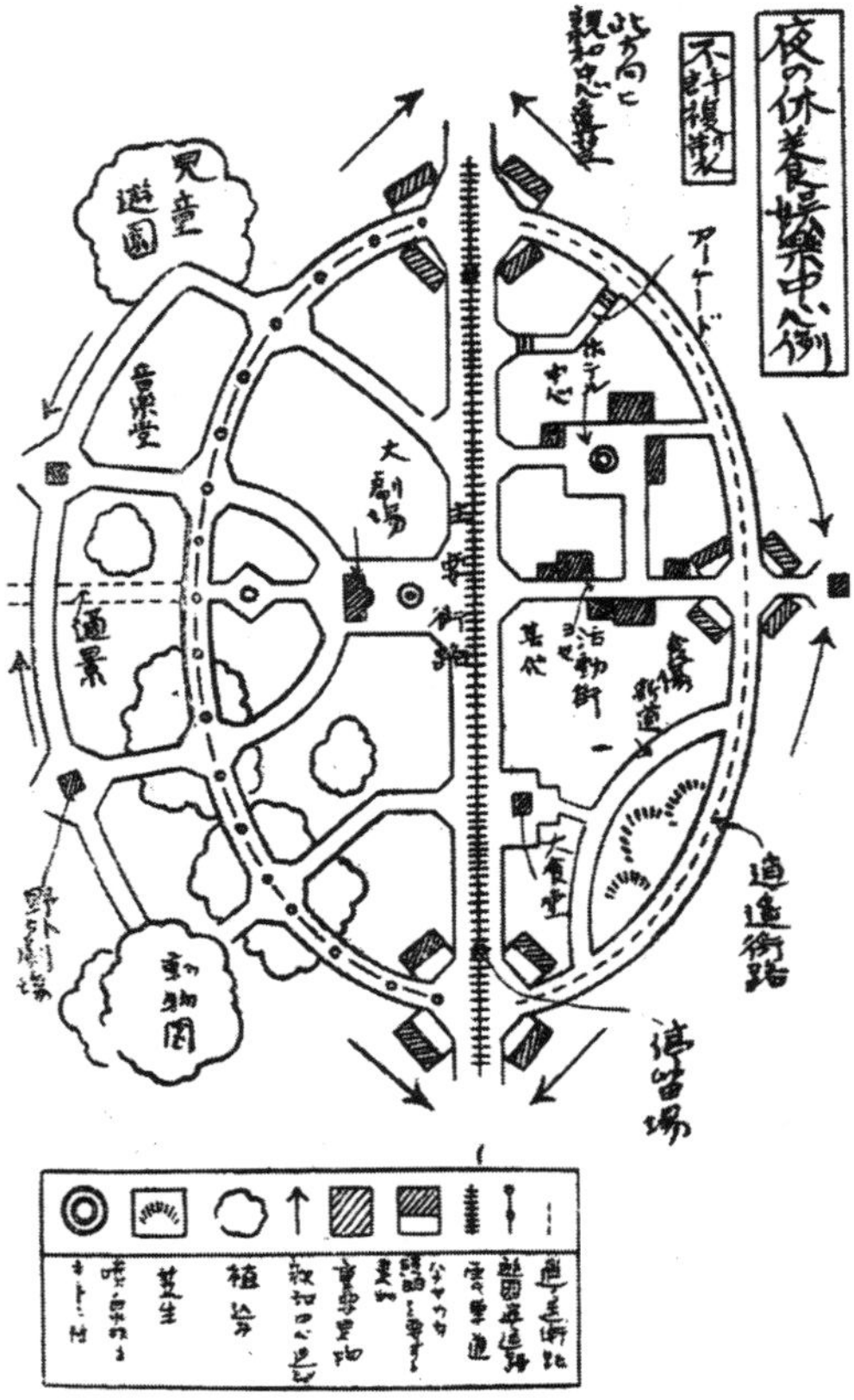

石川栄耀による「夜の休養娯楽計画」(出典：石川栄耀「郷土都市の話になる迄(4)」『都市創作』2巻1号、1926)

画」を考えよう、と石川は言うのである。そして「昼の都市計画、ことに経済計画においては建築物の美的価値等はほとんど問題にならない」が「夜の都市計画では」「美とか魅力とかいうものが」「堂々と問題の正座に君臨する」のだと言う。

都市の本質は産業ではない。日本の都市計画に足りない都市の「人生」とは、「人間が遊楽施設につつまれ、その気分の中にあって集団的気分に酔うこと」であり、「実用価値を離れ、生を楽しむ気分」であり、「賑やかさ」こそが都市の本質的価値であり、都市の「人生」の要諦であると石川は認識するに至った。

こうして石川は、商店街や盛り場の重要性に気づく。「世間のお偉方の都市美」の物差しは「大礼服」のように形式張っており、「浴衣や開襟シャツの軽快さが邪道視されやすい。それは実に世の中の『味わい』をなくすのみならず、泣かんでよい人を泣かす。実に下らない。それに抗議したいのです」と述べた。

しかし当時の近代都市計画は盛り場を通俗的なものとみなし、石川以外に盛り場を重視する者は少なかったという。

いや、今もまだそうであろう。建築においても、官庁、ホールなどの公共建築が一流とされ、商業建築は二流とされた（拙著『商業空間は何の夢を見たか』参照）。だが、きわめて魅惑的なキャバレーや百貨店やホテルを設計した村野藤吾のような建築家がいなければ、われわれの都市生活はどれほど貧しかったであろうか。ちなみに石川と村野はほぼ同年齢であり、上述した石川の論考が連載されたのも、村野の初期の作品、心斎橋そごう、キャバレー赤玉、大阪パンションなども同じ昭和初期である。その意味で、せっかく育ってきた、肩の力の抜けた都市計画と建築は軍国主義によって大きく中断されたと言える。

しかし石川は一九五一年早大落語研究会顧問に就任し、講義もべらんめぇ調の早口であり、他学部の学生も押し寄せるほどの人気であった。また同年には自宅のあった豊島区目白で、目白在住の知識人を集めて「目白文化協会」を設立、「文化寄席」を開いた。こうした文化活動を「建設されざる都市計画」と呼んだ。

ここで言いたいことは、盛り場のある都心などよりも、健全な家庭生活偏重でつくられてきた郊外こそが、今後「夜の都市計画」の重要性を認識すべきではないかということである。とりわけコロナ禍によるリモートワークの広がりは、一般ビジネスマンのマイホームのある郊外住宅地に、都市的な機能（にぎわい、楽しさ等）を求めるはずだ。そういう意味では、今後の郊外のまちづくりも、くそまじめな計画家よりも石川や村野のような娯楽好きの柔らかな人のほうが望ましい（本来本章は石川の著書を読んで書かれるべきだが、その暇がなかった。その代わり中島・高崎他による著書二冊は石川の魅力を十二分に私に教えてくれた）。

Book

都市計画家　石川栄耀
——都市探求の軌跡

中島直人・西成典久・初田香成・佐野浩祥・津々見崇 著
鹿島出版会（二〇〇九）

評伝　石川栄耀

高崎哲郎 著
鹿島出版会（二〇一〇）

Profile

石川栄耀　いしかわ・ひであき

（一八九三〜一九五五）

都市計画家。一九一五年、東京帝国大学工科大学土木工学科入学。寄席に足繁く通う。米国貿易会社建築部などを経て二〇年、内務省都市計画地方委員会技師に採用され、名古屋地方委員会に勤務する。二四年、オランダ・アムステルダムで開催された国際会議に出席。滞在中にレイモンド・アンウィンの知遇を得る。二五年から長野県上田市の都市計画を手がけるが、地元商工会の見解と相違があったことをきっかけに「商業都市美研究会」を設立し、商店街の研究を開始する。三三年、都市計画東京地方委員会に転じる。四三年、東京都発足により東京都道路課長、都市計画課長を歴任。敗戦後は東京の戦災復興計画を担当。新宿角筈一丁目の被災住宅地を繁華街にする計画案をもちこまれ、歌舞伎座移転を視野に入れた復興計画を提案し四六年に歌舞伎町を誕生させた。同年、都市文化協会を設立。五一年、早稲田大学理工学部教授就任。同大学の落語研究会顧問を務める。同年日本都市計画学会が設立され副会長に就任。没後その業績を偲び、同学会に「石川賞」が設けられた。

関連文献

三浦展『首都圏大予測——これから伸びるのはクリエイティブ・サバーブだ！』光文社新書、二〇二〇

07

«

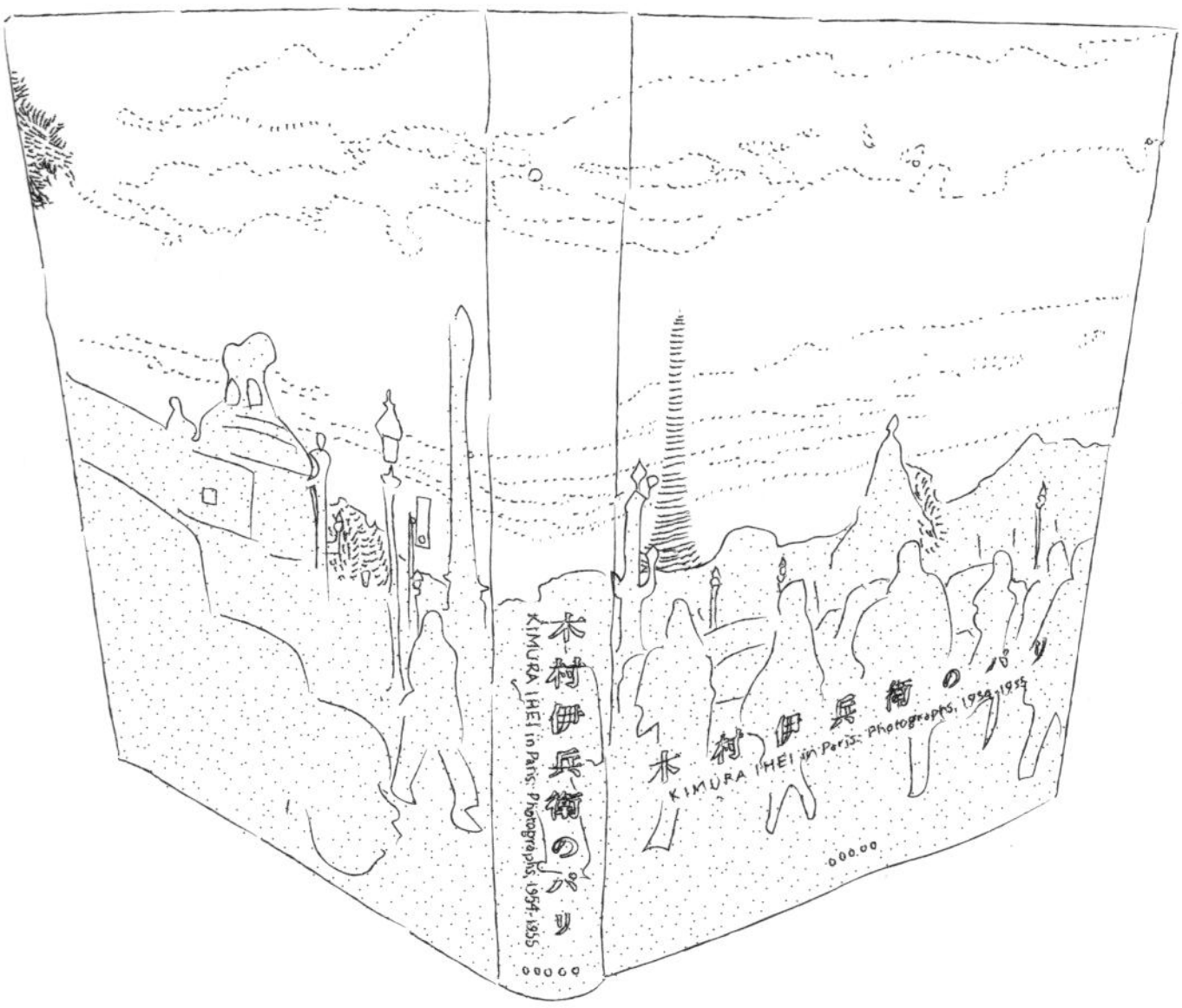

世界が憧れた花の都

田沼武能・金子隆一 監修、木村伊兵衛 著

『木村伊兵衛のパリ』

かつて日本人が非常に強く欧米に憧れた時代があった。特にパリ。学ぶというより、とにかく憧れ。パリに行きたしと思へど、パリは遠しという切ない感覚である。

そういう憧れのパリをこの写真集は余す所なく写し出している。時は一九五四〜五五年。第二次世界大戦からほぼ十年が経ち、戦勝国は落ち着きと輝きを取り戻していた。そしてディオールの登場。美しくエレガントな装いが世界を魅了していた。[*1]

冒頭はエッフェル塔。日本には東京タワーすらない時代。花の都パリの塔はそれだけで絶対的憧れの都市の象徴だった。

そして街中で人目を気にせず抱き合い、キスをする男女。これも当時の日本人としては驚きの感情表現である。

シャンゼリゼを歩くバラ色のブラウスを着た女性。白い石造の建物と並木道。カフェや公園で語る人々。ユトリロの絵そのままの路地。黒い壁に映える鮮やかな赤い服。よく見るとパリの街角にはまだ戦争の傷跡が残っている。

崩れた壁。浮浪者。花売り。古道具屋。牡蠣をむく女。錆びた鉄格子。バルザックやアジェの時代から変わらぬような情景。こうして見ると思いのほか貧しい。オートクチュールとは無縁の庶民。今の日本から見れば不自由にすら見える。同じことが繰り返される単調な日常。思えばパリは貧困の街でもある。貧しい芸術家。佐伯祐三の絵のような壁の貼り紙。

木村が本格的にカラー写真を撮ったのはこのパリが初めてらしい。フジカラーからポジフィルム五〇本を寄贈され、モノクロームのフィルムと共にエジプトを皮切りに八カ国を経由してパリに向かったという。

「どこよりも目指したのはパリだった。」アンリ・カルティエ＝ブレッソンに会い、ブレッソンに、彼なら絶対君と気が合うと言われてドアノーを紹介された。

帰国後の座談会で、名取洋之助[*2]は、この写真集は「木村さんをガイドとして外国旅行を楽しんで見る」のかと迫った。あまりに庶民的な日常が自然に撮られていたからであろう。対して木村は「甘っちょろい観光になっているかもしれない」が、「ヨーロッパの人間がわかってくれれば良い」と答えた。

ドアノーと親しくなった木村は、ドアノーが自分と近い視点で写真を撮っていることに驚き、自分がパリを撮ると、ドアノーと同じようになってしまうことを危惧した。「だからこそ、カラー写真に全く手を出さなかった歴代のパリ写真家たちとは異なって、カラーでこそ新機軸を打ち出そうとした」のだという（今橋映子による解説）。

田沼武能・金子隆一監修、木村伊兵衛著
『木村伊兵衛のパリ』朝日新聞社（函入）

モノクロで同じ写真を撮ったらドアノーと同じになってしまうかどうか私には判断できないが、カラー写真がそのままの構図でモノクロになっていたら、随分と暗く陰鬱な写真集になったかもしれない。あるいは、たしかに日本人が撮ったものには見えなかったり、いかにもパリ写真風になったかもしれぬ。

カラーで撮り「外国旅行を楽し」むかのような写真集に仕上げたことによって、とても一九五〇年代的な空気感を描き出せたのではないか。ドアノーに会う前からカラーポジフィルムを持って行ったのだから、ドアノーに対する差別化というだけでなく、そもそも最初からパリをカラーで撮ることに意味を感じていたはずだ。その意味とはひとことで言えばやはり「憧れ」であったろうと思う。「芸術の都」「花の都」「ファッションの都」そして「写真の都」であるパリへの強い憧れである。

外国に憧れるというのは、初恋のようなもので、相手のことをよく知らずに病気にかかるのである。良いところだけ見えて、欠点は見えない。一九五〇年代の日本は、アメリカにもフランスにもソ連にすら憧れたのだ。

今の日本には憧れる外国というものはおそらくなくなってしまった。どんな国を見ても、良い面と悪い面をしっかり判断してしまう。大人になったのだ。

当時の日本が初恋ができる青春時代にあったことをこの写真集は教えてくれる。今から見れば普通の庶民のありふれた日常も、敗戦後間もない時代の日本人には夢のように見えたはずで、大きな肉やチーズのかたまりも、チェックのテーブルクロスも、黄色いパラソルも、憧れの目を注がれただろう。

註

1 当時のパリの華やかな雰囲気を知るために、一九五〇年代のパリが舞台の映画としてジーン・ケリー主演『巴里のアメリカ人』（一九五一）、マリリン・モンロー主演『紳士は金髪がお好き』（一九五三）、ブリジット・バルドー主演『殿方ご免あそばせ』（一九五七）などがある。世紀のオペラ歌手マリア・カラスのオペラ座デビューは一九五八年。五〇年代はアメリカの黄金時代とはいえ、パリはやはり世界の憧れの都市だった。

2 名取洋之助（なとり ようのすけ、一九一〇〜一九六二）写真家、編集者。慶應義塾普通部で学ぶも、成績不良で予科に進めず、一八歳でドイツに渡る。ミュンヘンの美術工芸学校に入り、エルナ・メクレンブルク（のち妻となる）と同棲。エルナが撮った火災現場写真を名取が組写真にして写真週刊誌に持ち込んだところ高値で採用される。そのことが機となってベルリンの総合出版社ウルシュタイン社に認められ、契約写真家となり、その身分のまま帰国。一九三三年に木村伊兵衛、原弘、伊奈信男、岡田桑三らとともに日本工房を設立。三四年、対外宣伝誌『NIPPON』を創刊。土門拳、亀倉雄策らとともに漸進な誌面をつくった。戦後は『週刊サンニュース』や岩波写真文庫の編集に携わり、岩波写真文庫は、第一回菊池寛賞を受賞。

Book

木村伊兵衛のパリ

田沼武能・金子隆一 監修、
木村伊兵衛 著
朝日新聞社（二〇〇六）★
ポケット版 朝日新聞社（二〇一四）

Profile

木村伊兵衛 きむら・いへい

（一九〇一〜一九七四）

アジェがパリ写真の撮影を始めたころ、一九〇一年に木村伊兵衛は東京市下谷（現在の東京都台東区）に生まれた。子供のころ、おもちゃのカメラを手にして写真に興味を持つ。二〇年、砂糖問屋の台湾台南市支店に勤務する傍ら、同市にあった遠藤写真館で営業写真の技術を学び、アマチュア写真クラブにおいて頭角をあらわす。二四年、内地帰還後、日暮里で写真館を開業した。三二年、野島康三らと月刊写真雑誌『光画』を発刊し、ライカによるスナップ写真を数多く発表しリアリズムの表現を切り開いた。三三年、名取洋之助、伊奈信男、原弘、岡田桑三らと「日本工房」に参加。ライカなどの小型カメラの特性を生かして写真報道の先端に立つ。三四年、日本工房を脱退し「中央工房」を設立。三八年、国家総動員法公布により『写真週報』の写真家に抜擢され、内閣情報部傘下の「写真協会」に所属。四一年、対外宣伝プロダクション「東方社」の写真部責任者に就任し、グラフ誌『FRONT』の制作・発刊に携わる。五〇年、日本写真家協会が設立され初代会長に就任。七四年、日暮里の自宅で逝去。

関連文献

今橋映子『〈パリ写真〉の世紀』白水社、二〇〇三

08

«

未来都市を矛盾なく描けた時代

加藤秀俊・真鍋 博・朝日新聞社 編『2001 年の日本』

真鍋 博『絵でみる 20 年後の日本』

私の世代（一九五八年生まれ）にとって、未来の都市像・生活像といえば真鍋博のイラストである。他のイラストレーターもいたはずだが、それらも含めてすべて真鍋博的なものとして記憶されている。それほど真鍋博の描く絵の力は圧倒的であった。しかも彼はただイラストを描くだけではなく、自分で文章も書くのである。十数冊の著書がある。

朝日新聞社刊の『２００１年の日本』（一九六九）は、真鍋と社会学者・加藤秀俊、そして朝日新聞社の共同編集だ。

執筆者は建築家の丹下健三、川添登、水谷頴介《えい》、都市計画家・石原舜介、今はヤミ市研究で知られる松平誠（当時はコンピュータ技師だったとは知らなかった！）、経済学者・大来《おおき》佐武郎《た》らが名を連ねており、各編では日本を代表する企業、産業・学会の実務家、研究者などが担当している（小松左京、米山俊直、角本《すみもと》良平、上田篤、田島義博らの名もある）。そういう本の監修をイラストレーターである真鍋博がしていたのだ。

間違った未来予測もある。夫婦間で子供は三人になり、人口一〇〇〇人当たり出生数は一五〜一七、つまり、一八〇万人〜二〇〇万人、二〇〜二四歳の男性の五〇％が既婚だという。これは真鍋ではなく、日本家族計画協会の人の予測だ。

他方、予測どおりのことも多く、病院の設計がタテ一列型から中央にナース室があり、病室が三方、四方に広がる、いわば「パノプティコン型」に変わることなどは予測どおりになった。「郊外電車」については東急電鉄が執筆している。いわく「太陽と緑の空間に恵まれ、高度の機能を有する田園都市。そしてそこに形成される地縁的な連帯意識に支えられたコミュニティ」が語られる。一九六六年に田園都市線が開通した直後であるから、当然の書きぶりなのだが。

どの予測も限りなく楽天的で未来を信じ切っている。

そんな中で唯一異なる未来像を想像しているのが都市学者の上田篤だ。「本来都市のよさは、いろいろなものや人間、そして情報がいりまじった多様性のおもしろさにある。」「とすれば、都市を商業地、工業地、住宅地に分け、また大部分の住宅地を郊外に放り出すような『機能分離』は本来の都市の性向に反するといえる。産業革命いらい都市に『近代工業』が巣くったために『機能分離』が助長されたが、必ずしも都市に工業を必要としなくなった今日、再検討されねばなるまい。」

都市圏において「人は、個別的、恣意的かつ多様な動きをする」ので大量輸送機関はもちろんだが、「自動車のような個別輸送機器の発達が要請される」。

だが個別輸送機器として自動車は「不適当」である。「自動車の馬力、高速性、ボディの鋼鉄シェルターは、都市の輸送機器として不必要な要素というほかない。」「いまの自動車とはまったく逆の、低馬力、低速、軽量小型な個別輸送機器の開発が望まれる。私はそれを、自動車が郊外という外のどこでも歩ける靴であるのに対して、都市という家の中で着用するスリッパになぞらえて『タウン・スリッパ』と呼んでいる。未来の都市の交通機関は、このタウン・スリッパを基軸にして、各都市の実情に応じて総合的ネットワークが形成されていくことが理想のように思えるのだが、どうだろうか。」（傍点三浦）

面白い！　さすが上田先生。まさに二〇〇一年どころか二〇二一年を予測しているではないか。

上田篤の視点には、今でいう「エコ」や、もしかすると「シェア」の視点が入っているように思える。だが他の論文にはこうした視点はほぼ皆無である。ひたすらみんなが都市の拡大、巨大化、科学技術化を当然のものとして未来を予測している。当時は世界的に人口爆発が予測されていたのだから当然かもしれないが、限りない人口増加の延長線上に未来の日本もあると思われていたようである。

総じて「エコ」と「フェミ」の要素が本書にはない。公害問題は日本を悩ませていた。フェミニズムはアメリカで勃興していたが、日本ではまだまだだったようだ。様々な都市像、生活像についても、一夫一婦制の専業主婦の家庭だけが前提とされている。みんな結婚をして（早婚で）子どもを三人生むのである。

通読したかぎり「フェミ」的要素は「食生活」の節に「男女平等に台所に立って料理作り」という言葉があるくらいだ。『絵でみる20年後の日本』の「女性時代」の項では人工子宮で子どもを産めるようになったので、男女同権となり、ビル工事やダム工事現場で女性がクレーンをあやつるようになったと書かれているが、ホワイトカラーで働く女性はあまり登場しない。

また面白いのは、『2001年の日本』では多くの論文の細かな具体的な内容と、真鍋のイラストはほとんど関連づけられていない点である。おそらく編集上は、まず論文の項目を真鍋と加藤が決め、項目ごとに論文が発注され、真鍋も項目ごとにイラストを描き、論文とイラストの整合性はとらなかったのであろう。

『21世紀』の「食生活」における「男女平等に台所に立って」のページでも、真鍋の絵は若く明るいミニスカートをはいたスタイルのよい女性だけがエプロンをして未来的なキッチンで料理をしている。どうやらそれは、テレビ番組でシェフがつくった料理が魔法のようなテクノロジーによってボタンを押すとサッとできるしくみになっているらしい。ひたすら「未来的」なのだ。だからボタンを押すのは男性でもおじいさんでもいいのだが、若い女性である。

上田篤の論文の横にあるイラストも、六車線の首都高速を自動運転らしいクルマが走り、やはり自動運転らしいバスや電車もあり、歩行者は歩行者専用空中道路を歩いている。先ほどの文章とはまったく関係ないのである。

こう書いてくると、なんだか真鍋を批判しているように思われるかもしれないが、そういうつもりはない。当時小学生だった私が、真鍋のイラストの載った新聞記事を読んだとしても、記事の内容は理解できず、ただ真鍋のイラストだけで日本の未来をイメージしたということが言いたいのである。それくらい彼のイラストは当時決定的に強い力を持っていた。

考えてみると、真鍋のイラストの都市像は根本的にはコルビュジエの「ヴォワザン計画」と同じである。いや、むしろ一九二〇～三〇年代にアメリカで描かれた未来社会のイラストと同じで、しかしもっと施設に多様性があり、たくさんの人々が描かれているところに特徴がある。しかも、人々は皆眼がパッチリとし、口は笑っていて、楽しそうである。悲しみも苦しみも辛い労働もそこには影も形もない。老人も描かれない。そうした人々の重みや辛さから完全に解放されるというのが当時描かれた未来像であり、その意味で未来は何の矛盾も問題もない完全なユートピアであった。

しかし、一九六八年の映画、まさにその名も『2001年宇宙の旅』あたりから、未来はユートピアではなくディストピアとして描かれるようになった。今や映画もアニメも未来を核戦争後のディストピアや廃墟として描くほうが通例である（最近出版された『アニメ建築』を見よ！）。こうして真鍋のイラストはしだいに役割を終えるのである。

『絵でみる20年後の日本』は、真鍋のイラストと文章の他に、当時「未来学」という分野で第一人者だった林雄二郎が「未来学ノート」という文章を寄せている。一九六六年一一月の発行で、その少し前に『20年後の日本』という本が出ている（日本生産性本部発行、一九六六年四月）。おそらく『20年後の日本』では堅すぎる、ちょっとわかりにくい、専門的すぎるというので、たった七カ月後に発行されたのが『絵でみる』なのだろう。『20年後の日本』はビジョン研究会が編著者で、これは経済企画庁経済研究所長でもあった林を中心とする日本生産性本部の研究会らしく、経済企画庁がつくった「20年後の豊かな国民生活への一つのビジョン」をベースにつくった林の私案だったらしい。

表紙カバーの写真は大高正人と槇文彦の共同設計による新宿副都心計画の模型である。大高や槇の名前を聞くだけで建築関係者は直立不動になって鼻の穴をひろげて息を大きく吸い込むような超大物なわけで、わかりやすくいうと多摩ニュータウンのセンター地区（多摩センター駅からペデストリアンデッキを経てパルテノン多摩に到るまで）を設計したのが大高だ（パルテノン多摩は曽根幸一の設計）。『絵でみる』は林の「未来学ノート」はあるものの、内容はほぼ真鍋の独壇場である。経済企画庁や林の考えを踏まえつつも真鍋が想像力をふくらませて描いたイラストと自身で書いた文章がほぼ一～二ページ単位で七〇個ほど並んでいる。

いわく「地下都市」「海底都市」「海上離陸ＴＯＫＹＯ国際空港」「森林団地」「海底農場・海底牧場」「海上工場都市」「地熱発電所」「核融合発電所」「海底油田」などなど、ＳＦの世界である。

郊外にある「電子住宅」は、一戸一戸違ったデザインで設計され、壁面テレビからニュースファクシミリが送られてきて、ホーム健康診断ができ、一年中毎日違った献立をはじきだすカ

腕電話（絵：真鍋博、出典：『絵でみる20年後の日本』日本生産性本部）

ロリー計算機によって計算された食材がデパートからエアシューターで送られてくる。電子ベッドに横たわってアイデアをつぶやけば音声を認識して自動的にタイプライター（ワープロ）が作動し、文字にして印刷してくれる。「腕電話」を着ければ家を一歩出たとたんに自分の今日の行動予定が遠くの会社のスクリーンに映し出され、社外での商談の様子が把握されて事務効率をアップする（コロナ後のリモートワークに必須だ！）、というから、大体今のわれわれが考えていることと一緒である。

こういうイマジネーションは真鍋の独創ではなく、一九二〇～三〇年代のアメリカで流行したものである。それをイラスト化したものもすでに当時たくさんあった。だがそれらを今見ると少し泥くさい。暗いのだ。それに対して真鍋のイラストは、明るい。重力をなくしたかのように軽い。ロケットもジェット機も自動車も軽々と飛ぶ。そういう意味で真鍋のイラストは、単に未来像を示したというだけでなく、未来は軽く明るいものだということを一目見ただけで直観させ、未来に希望を持たせるものすごい力があった。

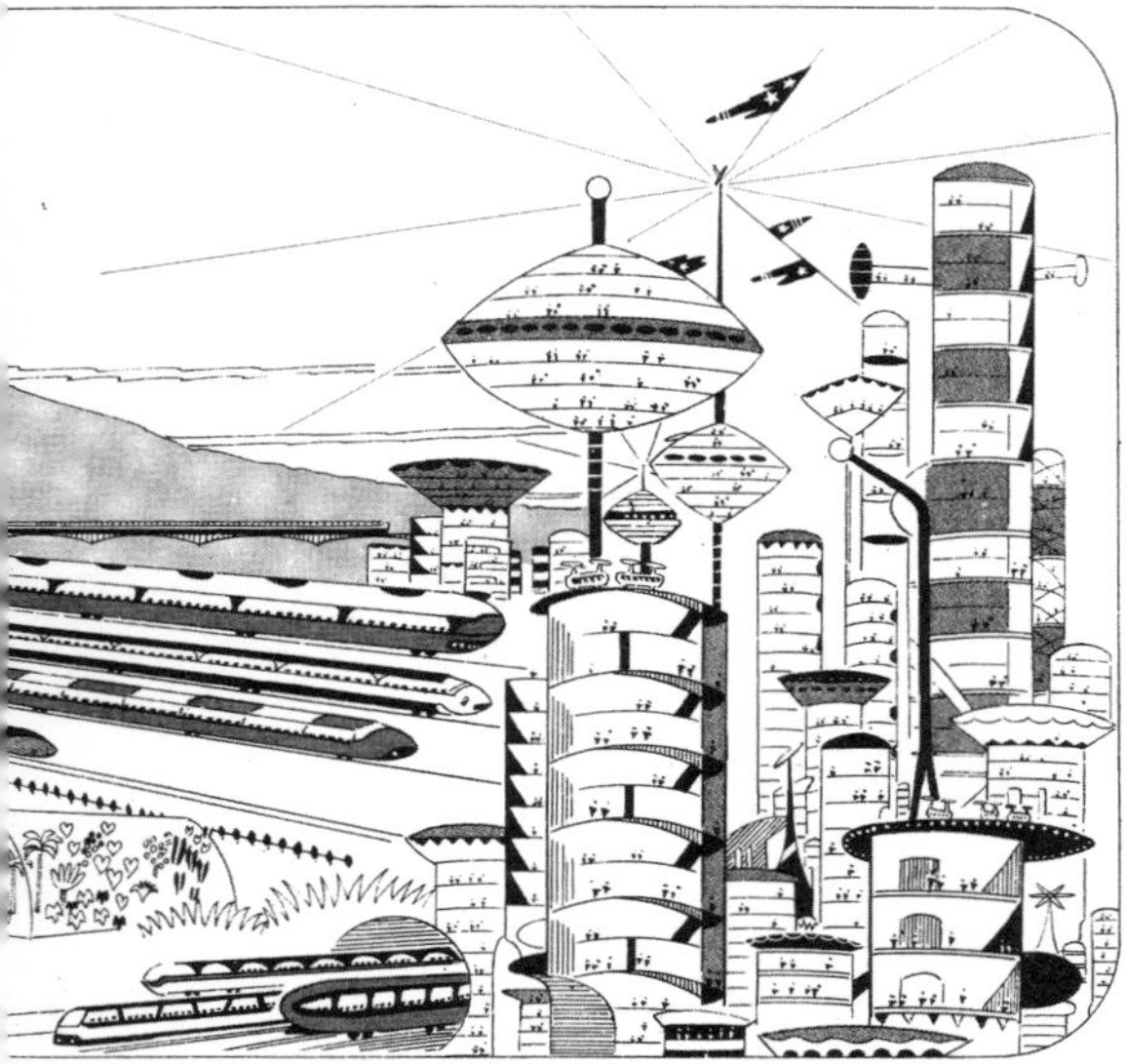

私のように、高層ビルで働きたいともタワーマンションに住みたいともまったく思わない人間であっても、真鍋のイラストは、やはり魅力にあふれている。

でも真鍋は、遊園地は描いたが居酒屋は描かなかった。高速道路は描いたが、路地裏は描かなかった。ロケットは描いたが自転車は描かなかった。その後『自転車讃歌』という本を書くが病院や図書館は描いたが保育園や老人ホームは描かなかっ

通勤高速列車（絵：真鍋博、出典：『絵でみる20年後の日本』）

た。『絵でみる』には「老人国」があるが、老人も積極的に働く時代になっていると書かれている。つまり未来には「老」「病」「死」がないのだ。

　ただし、真鍋本人はそんな人工的なだけの絵を描いているつもりはなかったらしい。「有史以来の未来ブームである。未来といえばロケットがとび、道路がベルト式に動くことだと茶の間のテレビの前にすわるばあさんまでが考えている。経企庁の白書が発表された時もマスコミは、車は一家に一台だとか、」「〝未来未来〟した角度ばかりをとりあげた。ぼくはそうした一面だけでなく老人がふえたりゴミの処理が国家的問題になるといった来たるべき時代の内面まで包括した未来をここで描きたかったのだ。」「早く来い来いとのほほんと待っている夢の未来ではない。」「未来のために解決していかねばならぬ未来である。」（一五九頁）

たしかに先ほどの「腕電話」のイラストを見ると、会社に出社せずに情報を会社に電送しているサラリーマンは、夜の歓楽街のバーカウンターで美女たちを前にゴキゲンでワインを飲んでいる。こういう場面は私の知る限りこれだけだ。だが恐るべきことにそのサラリーマンの位置情報は自宅の妻にも電送されているのだ！

「電子チェア」でも、若い母親がＢＧＭが「耳もとから流れる電子チェアに腰かけ、それぞれの家庭にあわせてプログラミングされた電子レンヂによる調理や皿洗いやセンタクや掃除の家事プログラム」をボタン一つで操作する。食事はすべて冷凍食品である（食料工場のマツタケ風味も海苔の味も人工的に造り出されたものである。八八頁）。そして「屋内テレビで子供部屋の勉強状態に監視の目を光らせる」のだ。つまり未来は監視社会であると真鍋は描いている。それをよいことだと真鍋は考えていないようである。

するとこれはディストピアなのか。プログラムされた家事もディストピアなのか、あるいはそれはユートピアなのか。そのへんはよくわからないところである。

真鍋の未来都市とコルビュジエのそれとのちがいは、大きなちがいだが、コルビュジエには直線しかないが、真鍋には曲線がたくさんあることだろう。真鍋が最近の建築家だったらザハだったかもしれない。その曲線こそが二一世紀を表現する。直線では二〇世紀にしかならない。

それから、当たり前だがコルビュジエは現実に則した縮尺で描いたが、真鍋は現実を無視してマンガ的に縮尺を自由に描いた。たとえば東京から富士山まで届くほど巨大なビルが描かれたりする。それは半ばシュールリアリズムのようでもある。こういうイラストは欧米人は描かない。極めて日本人的・マンガ的な縮尺の都市であり国土なのだ。あるいは二〇世紀初頭の都市鳥瞰図画家である吉田初三郎の二一世紀版が真鍋なのだ。

その縮尺の無視によって真鍋は、東京から九州まで新幹線で一時間とか、ロケット飛行機でアメリカまで三時間といったスピード感を表現する。この真鍋の技巧に比べれば、あのすっごくかっこいいコルビュジエの絵だって、単なる二次元の絵にすぎない。真鍋の絵には時間がある。四次元的だ。まさにシュールリアリズムだ。

こういう未来像は現在でもスマートシティかスーパーシティだか知らないが、エレクトロニクスメーカーや住宅メーカーやURやデベロッパーが、ITだAIだ何だと言いながら描いている未来像と本質的に変わりない。私もそうした未来像を見せてもらう機会が多い。しかし真鍋の未来像ほど事細かに生活の変化を描ける企業は存在しない。

真鍋の未来像は、技術の裏付けのない絵空事の未来像だから、いくらでも細かな生活が描けるのだと言うかもしれない。たしかにそういう面もあるが、しかし現代の企業に足りないのは、新しい技術によってわれわれの生活、人生、都市等々がどのように幸せになるのかという根本的な哲学である。彼らが描くのは、ただ何事も速く便利になる暮らしだけなのだ。

そうした企業のつくる便利な未来像には決まって、忙しい生活が描かれ、特に女性は仕事と子育てで忙しい。あるいは、『サルでも描けるまんが教室』の少女マンガの典型のような慌て者の女子高生が出てくる。朝、遅刻しそうになってバタバタしており、食パンを口にくわえながら家を飛び出すタイプである。

そういう慌て者でネボスケの女子高生でもＡＩだかＩｏＴの力を借りると、外からドローンが運んでくる食事を食べて毎朝ゆとりがもてるというようなバカバカしいシーンを描いた映像を私は実際に見せてもらったことがある。よりによって霞が関がつくったものだ（いやつくったのはＤ社か？）。

そういう忙しく、もしかしたら非人間的な生活を根本から変えるために技術が使われるべきなのに、あくまで忙しい生活をより忙しくするために技術が使われているようにしか私には見えない。

それにしても、二一世紀が二〇年も経ったところで世界中の人類がウイルスにおびえてマスクをすることになるとは一ミリも想像しなかった。まるで真鍋の未来像とは対極である。

いや、もしかすると、マスクと禁酒と消灯を命ぜられたわれわれは、むしろ未来像の裏側の世界を生きているのかもしれず、それが真鍋の絵の真意だったとも思えてくる。

Book

絵でみる20年後の日本
真鍋 博 編著
日本生産性本部（一九六六）

2001年の日本
加藤秀俊・真鍋 博・朝日新聞社 編
朝日新聞出版社（一九六九）

Profile

真鍋 博　まなべ・ひろし
（一九三二〜二〇〇〇）

イラストレーター、アニメーター。日本SF作家クラブ会員。

愛媛県宇摩郡別子山村（現・新居浜市）の助役の家庭に生まれ、三歳のとき父の住友金属鉱山入社に伴い新居郡中萩村（現・新居浜市）に転居。鉱山の図面や建築雑誌を見て細密な描写に惹かれる。

一九五四年、多摩美術大学油画科卒業。当初は油彩画が活動の中心であった。シュールリアリズム的な画風で、星新一、筒井康隆などのSF小説の挿絵を多く描いた。六四年『建築文化』（彰国社）の表紙を手がける。以後未来都市像といえば真鍋という時代が来る。同年、ニューヨーク万博でも壁画を展示し、七〇年の大阪万博までの間、真鍋時代はピークを迎える。

しかし七〇年代前半になると環境問題の高まりなどもあり、真鍋の論調も変わり、『自転車讃歌』（ぺりかん社）、『歩行文明』（PHP研究所）などの本を出すようになった。

二一世紀をこの目で見たいと、後年は健康に気を使い、これからの未来のイメージは、人と自然が共存する世界だろうと語っていたが、二〇世紀最後の年に逝去した。二〇二〇年、没後二〇年を記念して愛媛県美術館にて『真鍋博の世界』展が開催された。

関連文献

日本生産性本部編、真鍋博・画『首都圏・昭和60年』日本生産性本部、一九六九
シュテファン・リーケルス『アニメ建築――傑作背景美術の制作プロセス』和田侑子訳、グラフィック社、二〇一二
昭文社企画編集室編『吉田初三郎 鳥瞰図集』昭文社、二〇〇二

09

«

街を変えるカリスマが書いたバイブル

浜野安宏『人があつまる——浜野安宏ファッション都市論』

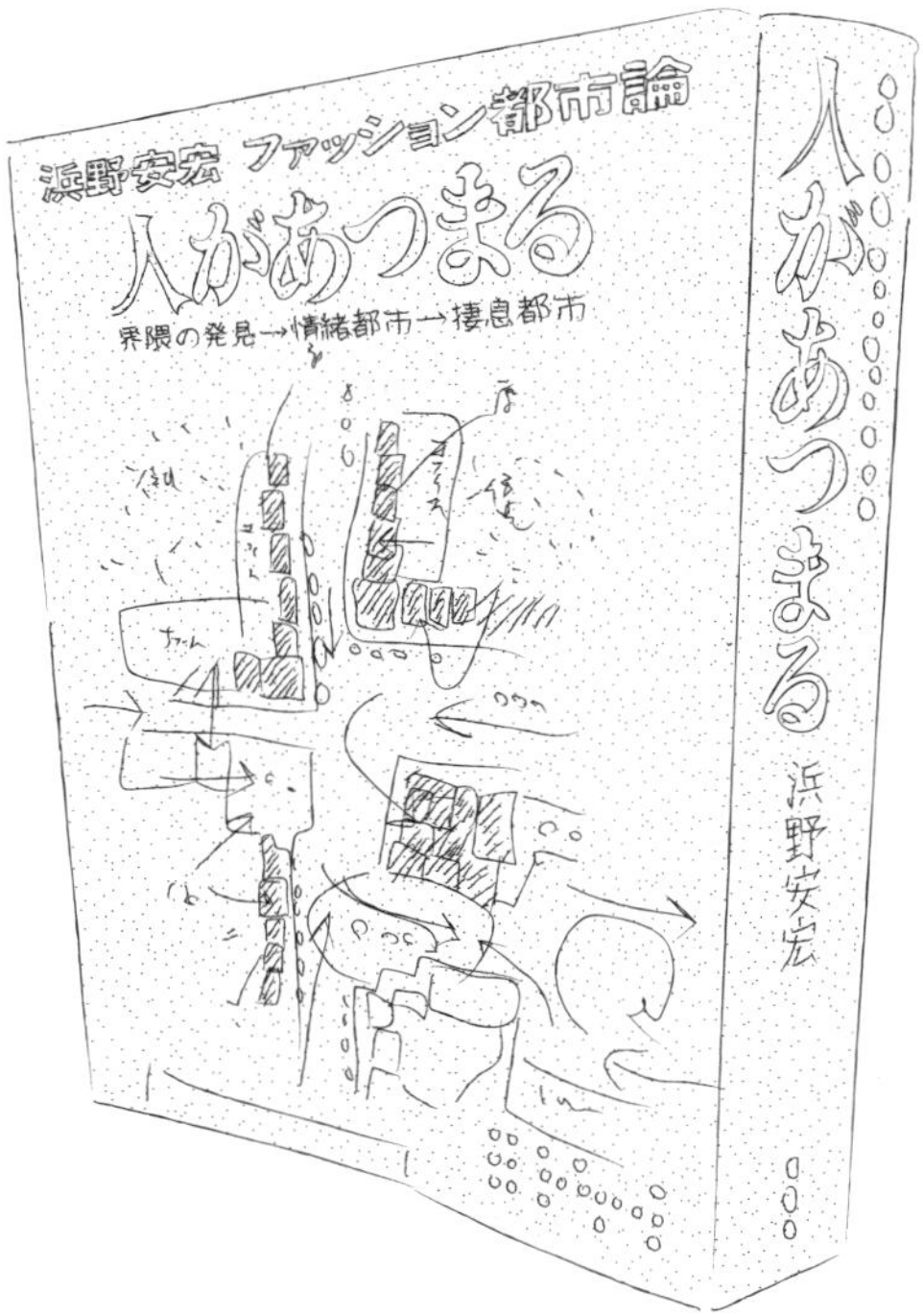

この本の最後のイラストを見て、ちょっとがっかりした。この本にがっかりしたのではない。そのイラストが描く街並みが、だれもが心地良さを感じられるものなのに、今でも日本でなかなか実現されないものだからだ。

二階建ての建物。一階はカフェ・レストラン。イスは歩道にも広がり、客が道行く人を眺めながらコーヒーを飲む。建物の二階はオフィス。オフィスの窓からはその様子や街路樹の緑が見える。さわやかな風が吹き抜ける。昼下がり。誰もが思わずこのカフェに立ち寄ってひと休みしたくなるだろう。

なのに、日本中にいったいこういう場所がいくつできただろう。銀座は海外高級ブランドのビルばかりが林立し、「日本のシャンゼリゼ」であるはずの表参道にだって、こういうオープンカフェは三つか四つくらいしかない。

コロナウィルスのケガの功名で、店内の三密空間を避けるために、ようやく道路にイスとテーブルを持ち出して飲食することがお役所によって認められるようになったが、『人があつまる』の刊行が一九七四年であることを思えば、何という遅さか!!

この本の帯は堤清二が書いている。さもありなん。堤はおそらく「つかしん」で「人があつまる」を実践しようとしたはずだ。

もう一人帯を書いているのが、未来学者の林雄二郎だ（七五頁参照）。一九七〇年代初頭は、人間のための都市・街が考えられ始めた時代だった。だから林が浜野の思考を「未来」として

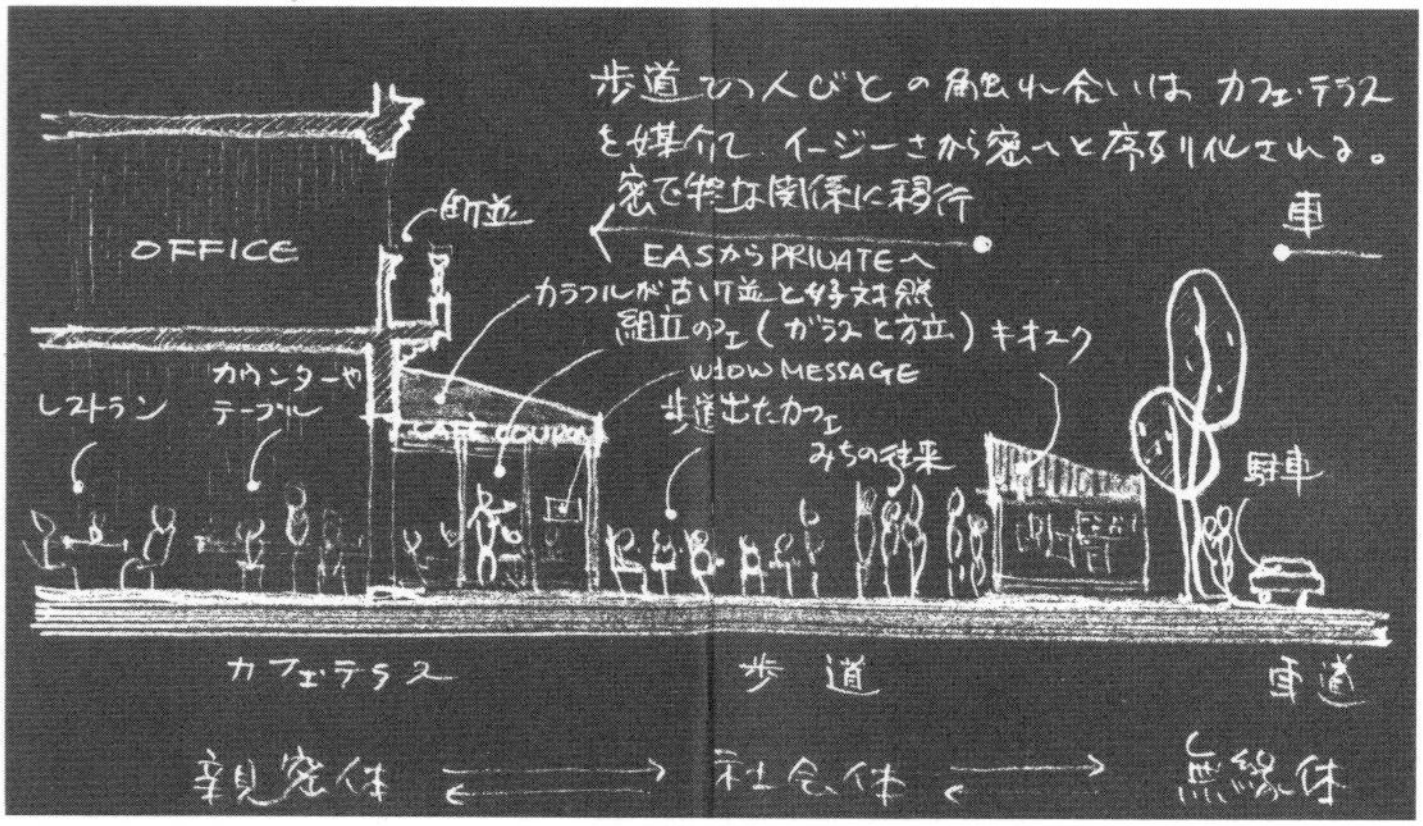

『人があつまる』（浜野安宏著）見返しに描かれた街並みのスケッチ

賞賛するのは当然だっただろう。

この本には「人があつまる」ことの基本がすべて詰まっている。

「都市は、結局、最後には、人間のどろくさい、汗くさい、やさしい、ぐにゃぐにゃした、美しい、みにくい、何ものかによって占領されてしまうのだ」

「実感できる部分から都市を見ていこう」

「まちを私たちのリビングシアターにしよう」

「人は必ずしもまっすぐひかれたみちを快適とは思わない。まっすぐのみちが快適なのはどちらかというと車のほうである」

「少しでも心地よいマチをとりかえしたければ、場所を探せ、仲間と棲みつけ」、「その都市の中で生活したい、棲息したいと思う都市にはきわめて人間くさい居心地のいい界隈がある。」

「一着のジャケットからでも界隈は始まる。一軒の居心地のよい喫茶店からでも新しいマチの流動は始まるのである」

このような具体的でわくわくする言葉によって浜野は機関銃のようにアジテートする。

「広場は広い場所のことではない。川がよどんで、たまって、ふくらんで、合流して、池や湖をつくりだすように、人びとも〈ひろば〉を自己形成する。」

「おしきせの〈広場〉を望んではいない。むしろそこに人びとがあつまってこそ〈広場〉があるというべきなのだ。」「あらゆるところが〈広場〉の可能性をもって」いる。

今は誰も意識しないが、坂倉準三の設計した新宿駅西口には「西口広場」というものがあった。だが一九六九年、大学紛争が激化すると、学生たちはギターをかかえて反戦フォークソングを歌いながら西口広場に集まった。毎週土曜日にその集会があり、週を追うごとに集会は大きくなった。

「このとき初めて広場が〈広場〉たりえていたと思える。」すると政府は、ここは広場ではない、通路である、だから立ち止まってはいけない、歩け、動け、歌うなと警察や機動隊を動員して若者を排除した。

新宿から排除された若者は、高円寺、吉祥寺、国分寺（三寺）や下北沢などの街に「下野」し、七〇年代後半になると多くの「若者の店」がそれらの街にオープンした（同書の二五二頁にも高円寺、吉祥寺、下北沢の地図が載っている)。

結果としてそれらの街は一時期、かなり広場的になっていった。貧乏学生などが自由に語り合うには適した街であった。しかし今は、国分寺駅前にはタワーマンションが何本も建ち、吉祥寺はオープンエア型のショッピングモールのようになってしまった。

高円寺はあいかわらず自由な空気があるが、それでもコロナの緊急事態宣言中は、自粛せずに営業する店に自粛警察が貼り紙をしたり、店の窓を割ったりといった事件が起こった。高円寺に自粛警察が出現するとは、東京はもう終わりかと私は失望した。

フランスで何年か前、反イスラム気運が盛り上がり、北マレ地区で開かれていたコンサートでテロが起きたことがある。私は北マレ地区に行ったことはなく、マレ地区に行っただけだが、おそらくどちらも自由を求める人々が多いはずである。反イスラム気運にも反対する人々が多いはずじゃないのか。だから、テロリストが北マレを攻撃するのは間違いだ、と思った。

東京でいえば高円寺の劇場でテロを起こすようなものだ。ひとりひとりの自由な生き方を愛する人々が最も多い街で、人種やLGBTやさまざまな価値観の多様性を最も認める街で、テロが起こるとしたら、それは間違いだし、絶望的である。テロほどではなくとも、自粛警察に店の窓を割られるとは。日本の中で最も自由で新しい発想をし、最も多様性に富む、寛容な人々がたくさん集まっているはずの東京でも、最もそうであるはずの高円寺で。

現代日本の閉塞感、というと凡庸であるが、しかしそうとしか言いようのないものが、こういう自粛警察の発生の根底にあるような気がする。みんな自分の中に閉じこもりがちなのだ。そして誰かに自分を自動的に守ってもらおうとしている。

オートロックや監視カメラみたいに、知らないうちにオートマチックに安全が守られることを期待する人が増えてしまったのかもしれない。そういう人々にとっては、自分の静かで安心・安全な暮らしを少しでも脅かすわずかな騒音でも害悪だし、自粛しない店など犯罪なのだ。

この本はアレグザンダーの『パタン・ランゲージ』のように、さまざまなシーン、人物などから人の集まる場所、居心地のよい場所の条件を多くの写真と共にコラージュ的に提起する。「界隈の芸術家」「大道芸人」「フーテン」「行商人」「辻説法」「バザール」「すわりたくなるベンチ」「ゴミをそこへ捨てたくなるゴミ箱」「靴音」などなど。アジェとも似ている。

映像作家を目指した浜野らしい映像的なエディトリアルによって、この本自体がまるで魅力的な街のように活発に、生き生きとして、よろこびに満ちている。浜野も「この本自身を人びとのあつまる場にしたい。界隈にしたい。」と書く。まさにそうなっている。

街の本というものは、それ自体が街のようでなくてはならないと私も考える。だから私は『吉祥寺スタイル』という本をつくったとき、その本自体が吉祥寺の街であるようにつくろうと思った。

『高円寺　東京新女子街』をつくったときも、その本自体が高円寺の街であるようにつくったのだ。吉祥寺の多くの街角を曲がるときのワクワク感、カフェから街を眺めるときの快適さ、街の中の緑を感じたときの心地よさ、古い家と新しい店が混ざり合ったことから醸し出される味わい。高円寺のアイデアに満ちた看板やポスター、自由を感じさせる店のデザインや店名、工夫をたくさんした階段やポスト、自分を表現する落書き。そうした街の個性を冷たく分析するのではなくて、本自体が街そのものとして立ち現れるように本をつくった。その狙いはおおむねうまくいった。

ところが、本屋に並ぶ都市計画やまちづくりの本の、なんとつまらぬことよ。どんなに楽しい街を紹介しても、街はスタティックで、まるで標本のように並べられる。写真の上手い下手ではない。どの街を扱う本も画一的なフォーマットの中で整理される。その手法に問題がある。

コロナによって人々が集まったり、語り合ったりすることが制限され、それが「新しい生活様式」だといって強制される、そういう時代だからこそ『人があつまる』を読み直し、新しいあつまり方、それに基づく新しい街のあり方を考えなくてはなるまい。

この本には、浜野の類稀《たぐいまれ》な発想力、感性、行動力が溢れかえっている。「センシャスな生活と創造的動機が生きられる」時代と社会をつくるためのヒントが満載の、まさに現代の古典である。

Book

人があつまる
——浜野安宏ファッション都市論

浜野安宏 著
講談社（一九七四）★
改訂版 ノア出版（二〇〇五）

Profile

浜野安宏 はまの・やすひろ

（一九四一〜）

ライフスタイルプロデューサー。父は修験者。日本大学芸術学部映画演出科に進学。同時期にセツ・モードセミナーにも入学。一九六二年、在学中にデザイナー集団「造像団」を結成。六四年、企画書と段ボールに詰めた商品を持ち、伊勢丹の正面玄関に座り込むという営業パフォーマンスを行う。六六年、TBSテレビ「ヤング720」に横尾忠則、篠山紀信らと共にレギュラー出演。六八年、サイケデリックを核コンセプトに据えたディスコ、赤坂MUGENをプロデュース。六九年、テレビ、ラジオ、新聞による販売促進広告活動「フィーリング発見」を行い、同年「フィーリング」という言葉が流行語に。七〇年、『ファッション化社会』を出版。四〇万部のベストセラーとなる。七四年、表参道「フロム・ファースト」をプロデュース（一九七六年日本建築学会賞〈作品〉受賞）。七五〜七八年、東急ハンズの企画・開発コンサル。七七年、神戸市生田区のローズガーデンをプロデュース（設計は安藤忠雄）。七九年、六本木AXISの総合プロデュース。その活動により八一年度毎日デザイン賞受賞。八六年、横浜みなとみらい21都市デザイン委員会委員としてマイケル・グレイヴスを登用。九六年、渋谷QFRONT、九八年、Patagonia渋谷店の総合プロデュース。

関連文献

浜野安宏『人があそぶ——ポストモダン・デザイン論』講談社、一九八四
浜野安宏『ファッション化社会』ビジネス社、一九七〇／増補版、ビジネス社、一九九二
浜野商品研究所『コンセプト&ワーク——商品開発・商業建築・環境計画の思想と実践』商店建築社、一九八一

10

細部からの現代都市批判

望月照彦『マチノロジー――街の文化学』

自分がずっと考えてきて、ある程度結論に達したかなと思ったことが、実はもう何十年も前に他の人によって考えられていたという経験を誰しもしたことがあるだろう。

私の場合それはジェイン・ジェイコブズと望月照彦なのだ。ジェイコブズについては、二〇年ほど前、ある住宅関係の研究会で講演したとき、ある大物建築家に「君の言っていることはジェイコブズに似ているね」と指摘されたことがある。そのとき私はジェイコブズをあまり読んでいなかったので、よくわからなかったが、その後彼女の代表作『アメリカ大都市の死と生』を読むと、なるほどそうだなと思った。この本は一九六一年にアメリカで出版されているので、私の講演より三〇年ほど前だ。

だからというわけではないが、ジェイコブズについては本書では取り上げない。都市論の名著に入れるにはすでに彼女は「大物」すぎて、ちょっとだけひねくれた視点で都市論を選んでいる本書には合わないと思ったからである。

さて望月である。彼のことは実は昔から知っていた。高校二年生の時に切り抜いた新聞記事に、彼が代官山の同潤会アパートを調査している写真が載った記事があったからだ。それからパルコに入社して『アクロス』という消費や都市についての情報分析雑誌の編集（企画・調査・執筆）をしたのだが、望月は『アクロス』とも少しかかわりあいがあった。しかし、直接会ったのは、一九九〇年代に、ある街づくり関係のシンポジウムで同席したときだけである。

二〇〇〇年、文化地理学者のオギュスタン・ベルクに呼ばれて、宮城大学での連続講演会に行ったが、そのとき私以外の講師が、槇文彦、芦原義信、陣内秀信、そして望月照彦だった。

もしかするとそれがきっかけで望月をちゃんと読もうと思ったのかもしれないが、はっきり記憶がない。しかし二〇〇〇年代の半ばくらいには『マチノロジー』と『望月照彦著作集』全五巻を買っている。だが読んだのはそれから一〇年ほど後である。

著作集の解説を書いているのは、陣内秀信、上野千鶴子、松岡正剛、川本三郎ら、そうそうたる面々である。失礼ながら私は、望月さんてこんなに偉い人なんだとびっくりした。そして著作を読んでさらに驚いた。私の考えてきたことが大抵もうそこに書かれていたからである。

しかも写真まで同じ所を撮っている。高円寺の、一九九〇年代後半によく行った居酒屋「啄木亭」(今はない)、北口にあった「ゆでめん」の店、今もある六角形の住宅、今は人気の飲食店街に変わった大一市場、これらはみな私が一九八五年の『アクロス』の記事のために撮影したり、二〇一〇年の『高円寺　東京新女子街』のために取材した場所なのである。

同じようなところに目をつけるものだなあと感心するとともに、すでに望月がそれらの場所、店を元にして都市論を展開してしまっていることに半ば呆然とした。人間なかなか史上初の発見などはできないものなのだ。これまでの「巨人の肩の上に乗って」少しでも自分なりの考えをスパイスのようにふりかけることができたらもうそれで「よくできました!」なのだ。

屋台研究は今でこそ珍しくないが、一九七〇年に望月が雑誌『都市住宅』に連載した「屋台の都市学的考察」は当時かなり衝撃的だったらしい。上野千鶴子もそう言っていた。何しろまだ二七歳だった。上野も学者にならなければマーケティング会社に勤めたかもしれない人で（プレゼンの時にミニスカートをはけと上司に命令される時代だからすぐに辞表を叩きつけたと思うが）、駐車場で人の行動を観察するフィールドワーク調査を学生時代にしたことがあるらしい。

そうだ。望月、上野、陣内といった研究者に共通しているのは（不肖私も）このフィールドワーク好きというところにある。大所高所からの体系理論よりも（それも大事だが）都市や生活のちまちました日常の中に何がしかの真理を発見しようという志向性、そういうところに喜びを感じてしまう心性が共通しているのだと思う。そうした細部を無視して、「日常性から出発していない多くのことは、あまり意味を持ち得ない」と望月は序文で書いている。あるいは細部を押しつぶしてつくられる再開発というものに疑問を感じるということだ。

『マチノロジー』におけるフィールドワークを列挙してみると「ノミヤ街のサーヴェイ　渋谷のんべい街、池袋人生横丁、新宿二丁目緑苑街、銀座八丁目の路地裏」「山下公園における露店」「街の占い師　渋谷、新宿、銀座」「カンバン　新宿、上野、秋葉原、神保町、表参道」「地下街　八重洲、新宿サブナード、横浜ダイヤモンド」「団地　公団百草園、同潤会代官山アパート、公団大島四丁目」「下町　根岸、月島、佃、浅草、清澄、東上野、東陽町」「繁華街　原宿・青山通り、高円寺」など。

そして「私はある時、団地の中庭の陽だまりの中で屋台の存在を見た。その存在は、寒風の吹きすさぶその団地の荒涼とした風景を一変させるものだった。コンクリートの巨大なかたまりの建物と、昔ながらのちっぽけな屋台、私はこの対比の中に、現代文明が欠落させていた何かを見た」と望月は書く。

私も高島平団地に初めて取材に行ったとき、もちろんその巨大さに非人間的なものを感じたのだが、取材を終えて夕方になると夕陽が団地を赤く染めた。ああ、しみじみするなあと私は思った。夕陽の力は偉大だ、こんなどデカいコンクリートのかたまりも人間的なものにしてし

望月照彦が記録した新宿御苑前の緑苑街
(出典:望月照彦『マチノロジー』創世記)

まう。屋台であれ夕陽であれ、人間は昔からつきあってきたものをうまく取り入れていかないと、どんなに新しい便利な都市であっても、人間にとって住みやすい、住んでほっとする、生きた心地がするものにはならないのだろう。

「ヤタイオロジーの延長上に、人間の住む空間としてのまとまりを持つ〈マチ〉の重大さに気が付いた。」「人間が生物として住むという行為に関しては、〈マチ〉という領域がさらに重要な概念になるのではないか。」「何故、〈マチ学〉というものが存在しないのか。」そういう問題意識から「マチノロジー」が生まれた。

「人が集まるから屋台が出る、あるいは屋台があるから人が集まるというひとつの因果律としてではなく」「公園というオープンスペースとしてこのエリアが解放された瞬間に、もうそこに屋台が出現している」。「屋台や露店が存在することによる、その公園の活性化、ヒューマンスケール化の問題をここでは直視する必要があるだろう。」

近年、大学の卒業設計は屋台とリノベーションばかりであると私が隈研吾に聞いたのはもう一〇年近く前だろう。隈はみんなリアリティが欲しくて屋台をつくるんだと分析していた（拙著『横丁の引力』）。巨大なオフィスビルとタワーマンションばかりが増え、横丁や闇市が消える日本で、一人で生きる人間というものを感じさせるのが屋台なのだろう。そういう意味で望月照彦の研究は五〇年先を行っていたのだ。

Book

マチノロジー——街の文化学
望月照彦 著
創世記（一九七七）

Profile

望月照彦　もちづき・てるひこ
（一九四三～）
多摩大学名誉教授、構想博物館代表。大学助手、民間デベロッパーを経て、個人シンクタンクを設立。工学視点だけでなく、都市民俗学を手掛かりにして生命・自己組織化都市の研究を推し進めている。著書＝『マチノロジー』『地域創造と産業・文化政策』『商業ルネサンスの時代』『旅とひらめき』など多数。
団塊世代のすぐ上の一九三八～四四年生まれには戦後を代表するデザイナーなどが多く、三宅一生、石岡瑛子（三八年）、浜野安宏、安藤忠雄、伊東豊雄、宮崎駿、松岡正剛（四一年）、山本寛斎、藤原新也（四四年）らがいる。望月もその一人だと言える。

関連文献

望月照彦『都市民俗学』全五巻、未来社、一九八八～九一
広島現代美術館監修『路上と観察をめぐる表現史——考現学の「現在」』フィルムアート社、二〇一三
バーナード・ルドフスキー『人間のための街路』平良敬一・岡野一宇訳、鹿島出版会、一九七三

11

«

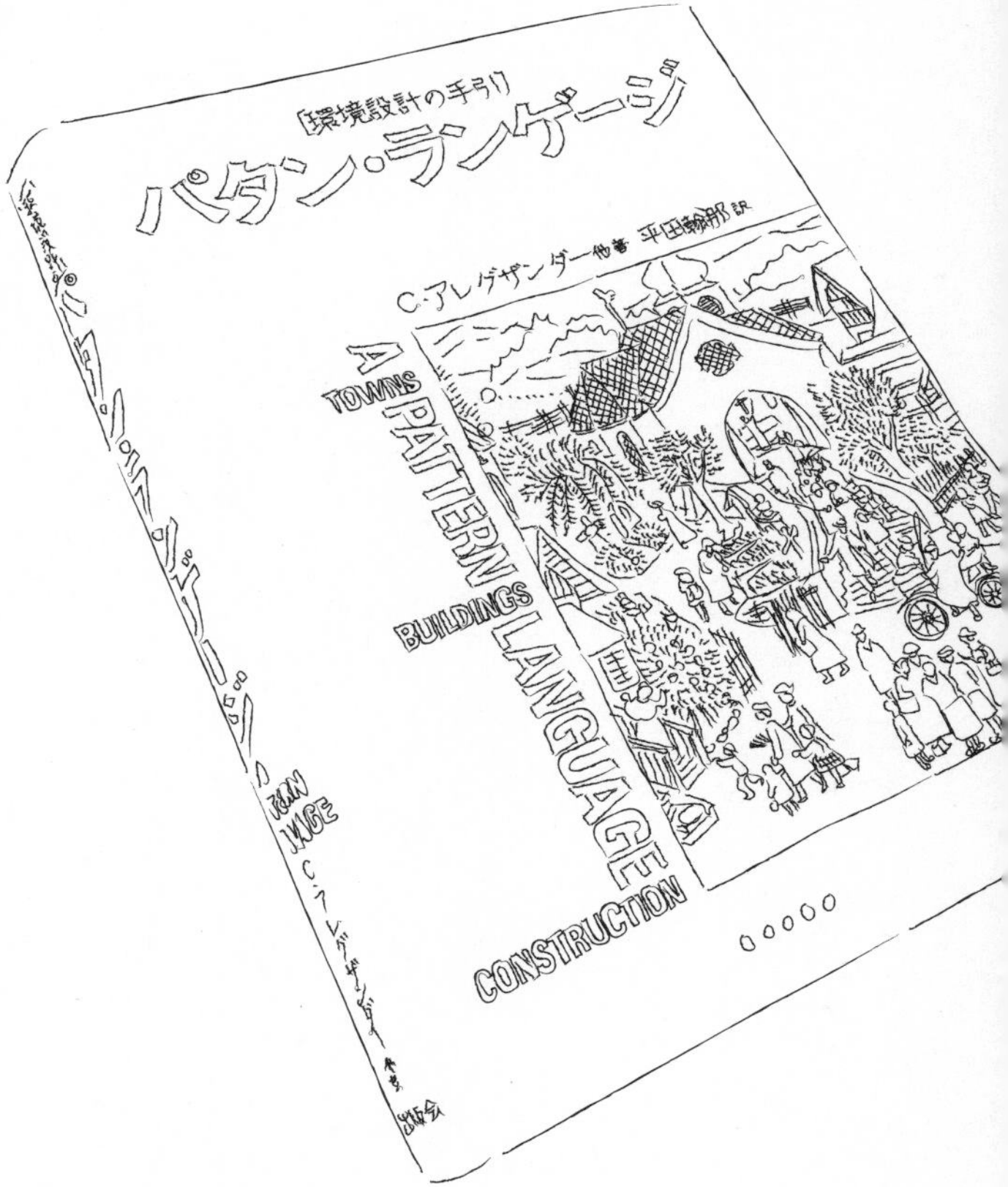

都市を語る言葉の大切さ

クリストファー・アレグザンダー
『パタン・ランゲージ ——環境設計の手引』

都市はツリーではない、と言ったことでアレグザンダーは知られる。

しかし実際のツリーは結構複雑である。梅の木や松の木を見ると、その枝は曲がりくねっており、もし街路が梅や松の枝ぶりのようであったとしたら、それは散歩に好適である。

私が東京の商店街の街路としてはいちばん好きな荻窪駅北口の教会通りなどは、まさに梅の枝のような街路で、狭く、少し歩くとすぐに少し曲がり、歩く者を飽きさせない。ここを歩くと、デザイナーが意図的につくった「迷路性」のある空間などはわざとらしくてイヤになる。

もちろんアレグザンダーが人工的都市はツリーであり、自然の都市はセミラティスであると考えたのは、街路のことではない。都市の中にあるさまざまな機能が、上意下達の指揮命令系統のように基幹から末梢まで細かく分岐していくことを意味する。人工的都市は計画的につくられ、そのため必然的に巨大化しやすい。いや巨大な都市を人工的につくろうとすれば必然的にツリー的になる。

典型はニュータウンである。たとえば多摩ニュータウン。多摩センター駅から南に幅の広い長いセンター大通りが貫通しており、バスは駅から四方八方に分岐していく。大通りをしばらく歩くと直角に交わる街路によって分岐し、分岐した街路をしばらく歩くとまた次の街路に分岐する。駅から発車したバスは東へ西へと進んでいくが、進んだ先の町同士を横につなぐバスはない。東側の落合四丁目と西側の鶴巻四丁目はバスでは結ばれず、二つの町を往き来するには歩くか自転車しかない。つまりニュータウンは交通も、電車―バス―自転車―徒歩といったようにツリー的になっている。バスの数は驚くほど多く、まさにピストン輸送体制になっており、ニュータウンがまさに都心に通勤するサラリーマン（男性）のためにつくられたことが否応もなく実感される。

商業も、駅近くにはスーパーマーケット、スポーツクラブ、スーパー銭湯、ホテルといった巨大な施設が並んでおり、かつては大手百貨店も存在した。

他方各地区には最初、八百屋、クリーニング屋、そば屋などの生活必需的な店が並ぶ小さな商店街が整備されていた。だが今はさびれてしまい、だいたい高齢者向けのコミュニティカフェやマッサージ店や地域包括支援センターが入居している。このように商業も「幹」と「枝」それぞれに対応してツリー的に配置されるわけだ。

もちろん小学校—中学校—高校も、「近隣住区論」に従い、ツリー化されて各街区に「適切に」配置される。公園もセンター大通りの先の大公園、各街区の中公園、さらにその下の小公園というようにツリー的に整備される。

こう考えると、ツリー型のニュータウンの根本にあるのは平等思想であると気づく。A街区には商店街があるがB街区にはないというわけにはいかないし、B街区には公園があるがC街区にはないというわけにもいかないのである。

戦後民主主義を踏まえた近代的都市計画によって設計されたニュータウンが平等思想を踏ま

えたのは必然であり、それ自体はよいことだろう。

が、平等主義には画一化というデメリットがつきまとう。同じようにつくられた住宅街には景観の多様性が足りないし、同じように整備された商店街には個性的な店が欠けている。

そういう画一的で無個性で人間の顔の見えないニュータウンを、どうにかしたいと考えたときの必須参考書が『パタン・ランゲージ』である。座右の書にして毎日少しずつ何度でも読むべきだ（もちろん、ニュータウンだけでなく、日本中のさびれた商店街の再生にも）。

私が筑波大学の渡和由《かずよし》氏と『吉祥寺スタイル』という本をつくろうとしたとき、渡氏は『パタン・ランゲージ』のような本にしようと言った。それで私は初めてこの本を読んだのである。そしてハマった。われわれが街のどういうところに魅力を感じるか、街のどういうところに行きたい、いたいと思うか、そういうことをすべて『パタン・ランゲージ』は解き明かしてくれるのだ。

「パタン・ランゲージ」とは「社会の全員が町づくりや建物づくりに参加」するときに「全員が分かち合う共通」の言語である。「その共通の言語そのものに生命がない限り、生き生きとした町や建物は、けっして生まれない」とアレグザンダーは説く。

その言語の例。たとえば「街頭の踊り」「屋台」「人前の居眠り」「小さなものが複合した建物」「屋外に開かれた階段」「座れる階段」「日のあたる場所」「玄関先のベンチ」「街路への開口」「木のある場所」「自分を語る小物」「学習のネットワーク」「仕事場の分散」「異なる形の世帯のミックス」「どこにもいる老人」「半分プライベートなオフィス」「子どもが集まる家」「さわれる花」「やわらげられた光」「ちびっ子のほら穴」「人がたまれる路地の形」（言葉がわかりやすくなるように私のほうで訳書と少し訳語を変えてみたが、それでもまだわかりにくいだろう。実際読んでみないとよくわからないので、読んでほしい）。

このように街路、建物の外側・内側・外と内の関係、人間の居方《いかた》などと、それら相互の関係について、二五三ものランゲージ（言葉）が提起される。「子どもが集まる家」は最近流行っている「子ども食堂」ともつながる提案である。「小さなものが複合した建物」「屋外に開かれた階段」「人がたまれる路地の形」などは『吉祥寺スタイル』や『高円寺　東京新女子街』でも参考にした。

それからこの本を魅力的なものにしている大きな要因は、そのビジュアルだ。写真、昔の絵画、アレグザンダーが描いた図、などが言葉一つ一つに対して必ず一つないし二つ以上付けられている。これによって読者は、具体的なイメージを浮かべることができるし、新しい写真や図ばかりでなく、あえて古くさい写真や絵や図が多用されることによって、本全体が良い意味でゴチャゴチャして、まさにおそらくアレグザンダーの狙いどおり、この本自身がアレグザンダーの思い描くひとつの理想の心地よい街のようになっているのだ。

こうして『パタン・ランゲージ』を改めて見直してみると、やはりアレグザンダーが独立してアトリエを持って仕事をしていたこととの関連が強く感じられる。毎日郊外から都心へ通勤するサラリーマンの視点は、あまりない。毎日家から歩いて数分の仕事場に行き、定時もなく、いつ仕事を始めていつ終わってもよく、途中昼寝をしても、床屋に行っても、隣の町の古本屋に行った後においしいパスタ屋で食事をしてもよい、そういう自由な働き方をしている人間の

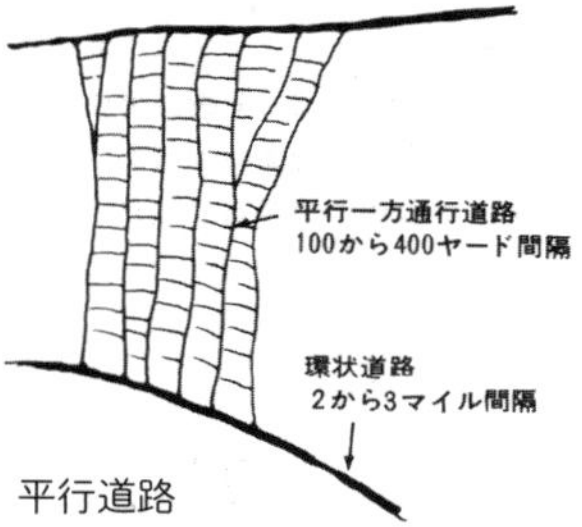

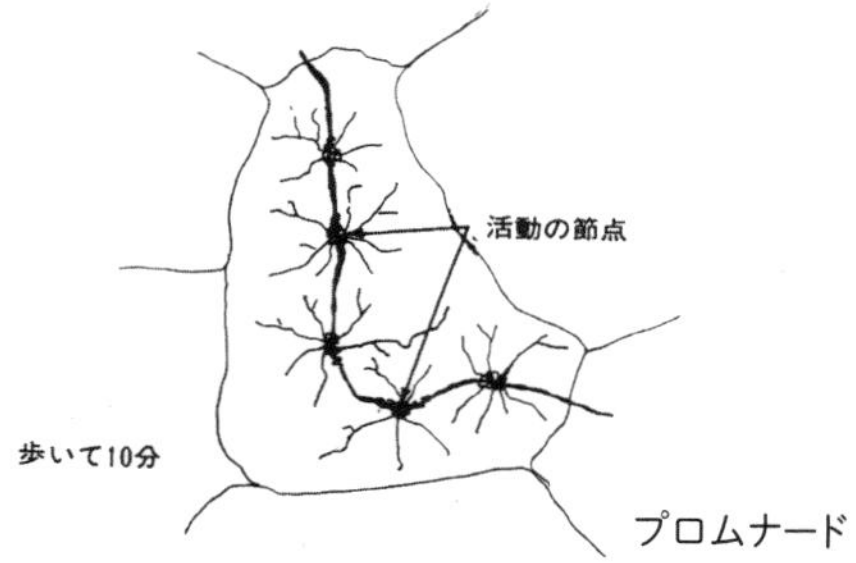

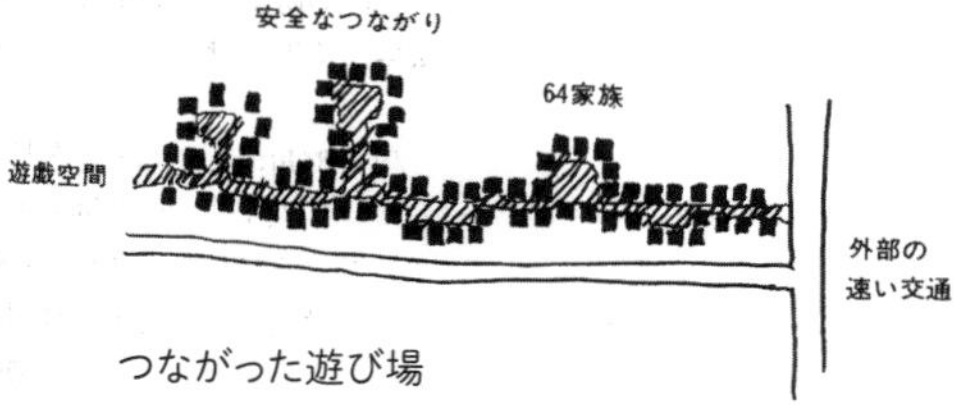

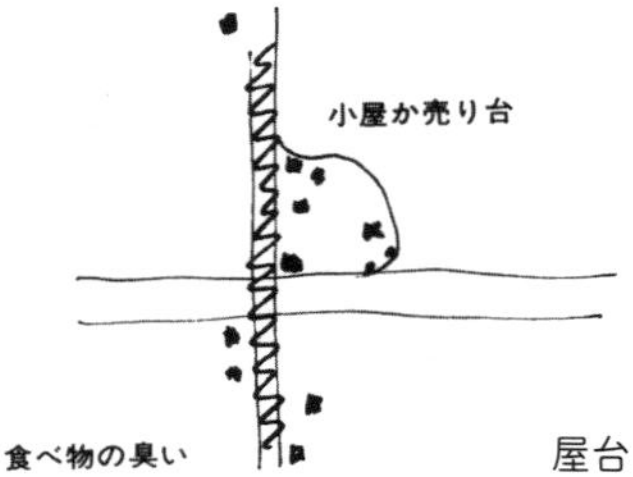

（4点とも、出典：クリストファー・アレグザンダー『パタン・ランゲージ』鹿島出版会）

視点である。

これまでの、特に日本では、こういう自由人の働き方、ライフスタイルは、一般サラリーマンとは縁遠い、実現不可能なものに思われていた。しかしコロナによるリモートワーク、巣ごもりライフスタイルによって、以前よりはかなりこうした自由人のライフスタイルも、一般の人々にとって理解できる、少しは実現できるものになったのではないか。それこそが「新しい生活様式」なのである。マスクをして手をよく洗うのが新しい生活様式というのではない。

なおこの本は六〇〇ページ以上ある。値段も一万円ほどと高い。簡易版をつくって、もっとたくさんの人々に読んでもらうようにしたほうがよい。

補遺

『真鶴町まちづくり条例　美の基準』（一九九二）は「パタン・ランゲージ」を土台にして真鶴町がつくったまちづくりのデザインコードである。海に面して山も迫る地形を持つ自然豊かな真鶴町の特性を踏まえながら、「聖なる所」「眺める場所」「海と触れる場所」「海の仕事　山の仕事」「斜面に沿う形」「実のなる木」などのキーワードを考案している。

Book

パタン・ランゲージ
――環境設計の手引

クリストファー・アレグザンダー 著
平田翰那 訳
鹿島出版会（一九八四）

原著
Christopher Alexander, *A Pattern Language*, Oxford University Press, 1977

Profile

クリストファー・アレグザンダー
Christopher Alexander
（一九三六〜）

建築家、都市計画家。オーストリア・ウィーン生まれ。ケンブリッジ大学で建築学と数学を学んだ後、ハーバード大学大学院で建築博士号を取得。カリフォルニア大学バークレー校にて教鞭をとり、一九六七年、環境構造センター創設。現在、同大学名誉教授。

建築・都市計画の理論として「パタン・ランゲージ」を提唱し、世界各地でマスタープランから建築まで幅広い活動を展開。その理論はコンピュータ・サイエンスにも影響を与えている。主な著書に、『形の合成に関するノート』（一九六四）、『パタン・ランゲージ』（一九七七）、『ザ・ネイチャー・オブ・オーダー』（二〇〇二〜〇五）などがある。これまで二〇〇以上の建築デザインを手掛けており、日本でパタン・ランゲージを採用したプロジェクトとして「盈進学園東野高校」（一九八五）がある。

12

みんなが
街を歩いた時代

『あのころ angle　街と地図の大特集 1979』
小林泰彦『イラスト・ルポ　若者の街』

『angle』という雑誌があった。一九七七年創刊というからちょうど私が大学に入った年だ。当時はもちろん『ぴあ』という街情報誌もあって、どこでどんな映画や芝居やイベントがあるかをチェックしていたわけだが、『angle』のほうはと言うと、イベントチェックではなく、どの街にはどんな店があって、どんな雰囲気なのかといったことを感じとるために読んだ気がする。高円寺、吉祥寺、国分寺を「三寺」という、「今、三寺が若者の街で面白い」という情報も大学に入るや否やの頃に『angle』で得た。

その『angle』の一九七九年の『別冊angle　街と地図の大特集』を復刻し、新たに当時の世相や当事者らのエッセーなどを加えたのが『あのころangle』全二冊である。私は七九年の『大特集』を今でも保存しているが、思わず『あのころ』も買ってしまった。

新宿、池袋、吉祥寺、原宿、渋谷、六本木、銀座などの街が、詳細な地図と店情報によって網羅されている。もちろん当時のことなので地図は手描きである。新宿は地下街サブナードや小田急エースタウン、京王モールの地図まで完備。ゴールデン街や思い出横丁（やきとり横丁）の一軒一軒も調べられている。

うーん、マニアック。グーグルマップでいきなり目的地を調べる今とは違う。グーグルマップでは店の情報がピンポイントで入るだけで、街全体の雰囲気は全然伝わってこない。

当時の『angle』は街の地図をつくるだけでなく考現学的な調査記事も載せていたらしい。

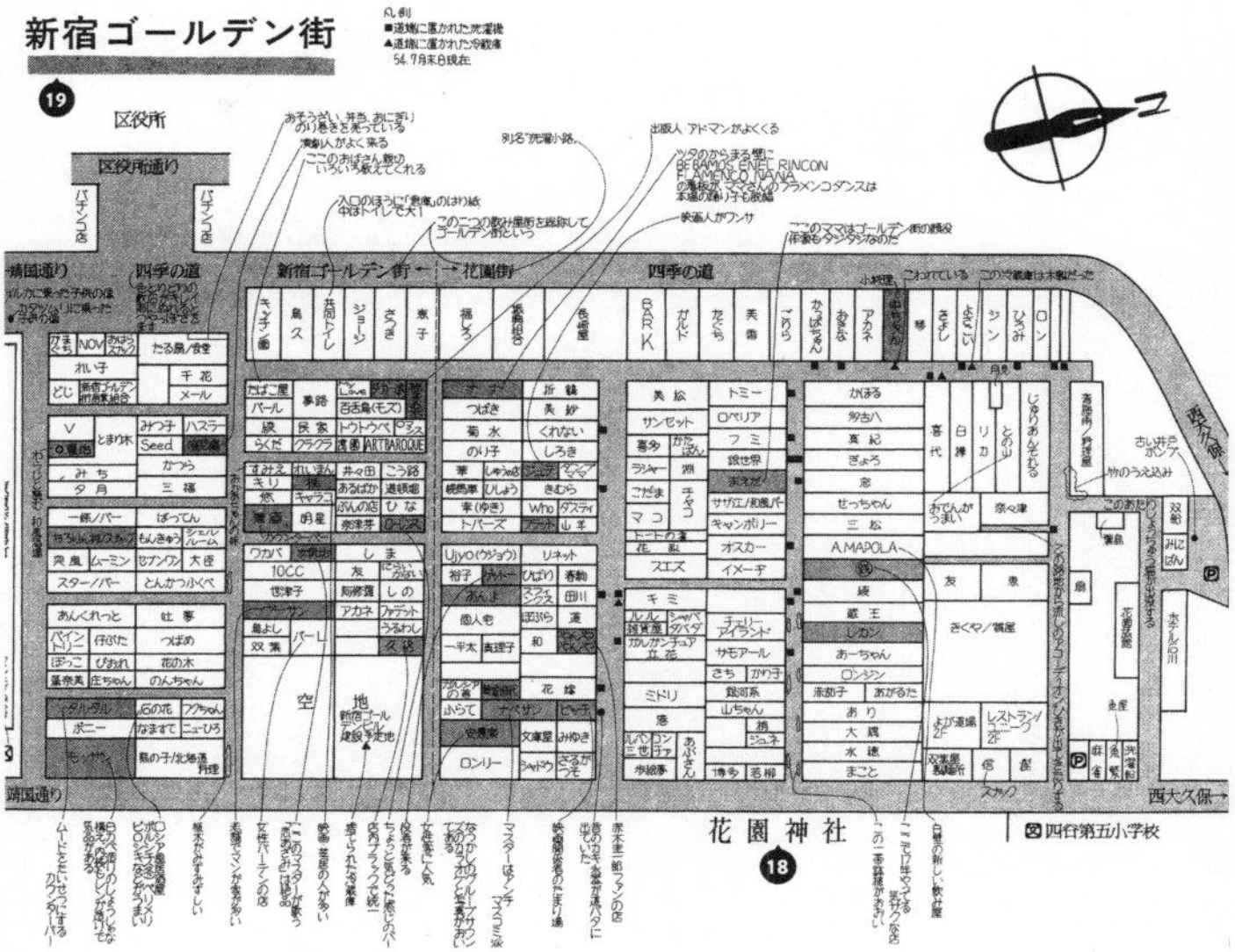

1979年当時の新宿ゴールデン街。詳細な手描き地図（出典：『あのころangle 街と地図の大特集1979　新宿・池袋・吉祥寺・中央線沿線編』主婦と生活社）

たとえば「恋人たちはどこへ行った」。渋谷と新宿を歩くカップルを追跡し、移動ルートを書き込んだ。当時の編集長・菅原歓一氏によれば、新宿は最後は放射線状にバラけていったが、渋谷はルートが円を描いたという。アナログGPSだ。

「始発から終電まで　実録山手線一日乗りっぱなし！」という企画もあった。乗車している間は車両を隅々まで歩き、乗車人数を調べたり、乗客の行動を観察したり、窓から見える看板や風景をメモしたりしたという。

　望月照彦、浜野安宏もそうだが、一九七〇年代は街を歩く時代、観察する時代でもあったようだ。浜野は一九四一年生まれ、望月と先程の菅原は四三年生まれと、ほぼ同世代である。六〇年安保のときにすでに高校二年生か大学一年生くらいだったわけで、彼らの政治信条や活動歴は知らないが、時代としては権力、体制に抵抗し、新しい若者の文化、都市をつくるべきであるという価値観は共通してあっただろう。

一九六〇年代後半から七〇年代にかけて、若者雑誌、ファッション雑誌に欠かせないイラストレーターだったのが小林泰彦だ。世界中の街を歩き、若者を中心に人々の服装や店の様子を描いた。

私の手元には『イラスト・ルポ　若者の街』という本がある。買ったのは渋谷にあった大盛堂書店で、たしか一九八八年くらいに買ったのだが、この本の発行は七三年である。つまり一五年くらいこの本は大盛堂にずっと在庫として並んでいたらしいのだ。もちろん七三年より後に追加注文された可能性もあるが、それでも一〇年くらいは棚に並んでいただろう。当時すでに品切れか絶版になっていたはずだ。大盛堂がずっと返品せずに棚に並べていたとしか思われない。それが証拠にその本は新刊書なのにもう茶色く日焼けしていたのだ。

入手のいきさつはともかく、『若者の街』は当時の日本やニューヨークの若者の紹介、考現学としてとても面白い。単に服装などをスケッチしているだけでなく、対象に対するネーミングやコピーも面白いのだ。

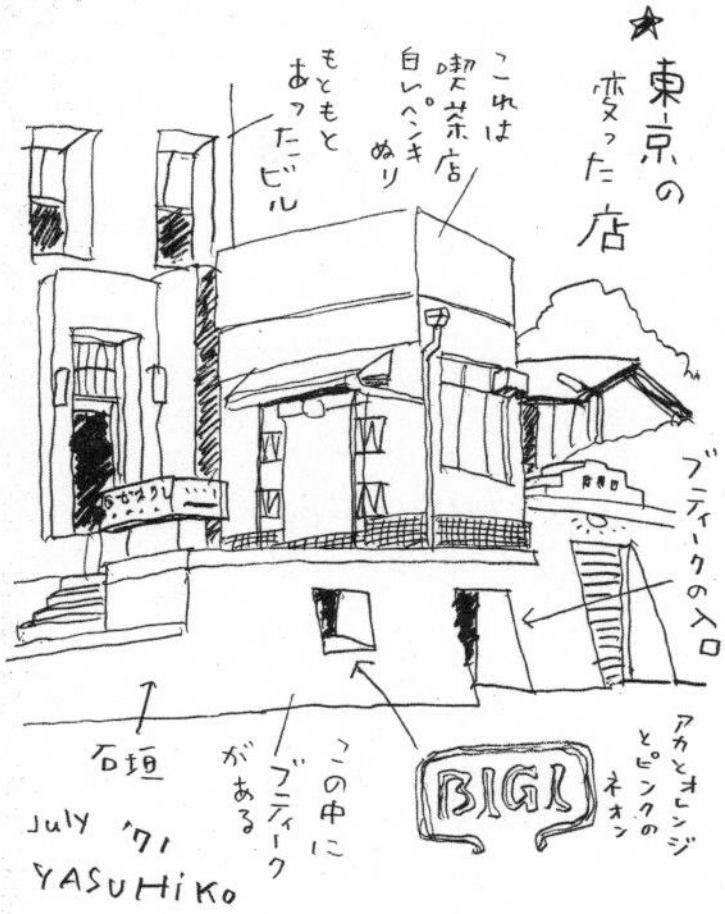

石垣の中の店（左）、若者ファッション（右）（出典：小林泰彦『イラスト・ルポ　若者の街』晶文社）

たとえば「おしゃれのルールは自分できめる」「下着は上着」「ツギハギ・モード」「何でも自分で作りましょう」「若者のアンティーク」「無価値の値うち」「作業服が最高」などの言葉からは、若者が既成の価値観を崩そうとしていることがよくわかるし、それが今の日本でも世界でも現代人の価値観・ライフスタイルの根底をなしているのだということもすごくよくわかる。

逆にいえば、今の若い人がこれらの言葉を見ても当たり前だと思うだろう。でもその当たり前は五〇年前は日本はもちろんアメリカでも当たり前ではなく、大人たちから見れば眉をひそめる行動だったのだ。

イラストのタイトルにも「ジーンズくらべ」「ロングヘアーのTAXIの運ちゃん」「クルマの飾り」「放出品を着る学生」など

は完全に考現学的である。

また「ロフト・ゼネレーション」はニューヨークのマンハッタンの南側の、おそらくソーホーあたりの倉庫街（ロフト街）に住む人々が増えていることをルポしている。

このように、自由がある、自由が認められることが都市の魅力の大きな要素だった。銀座にジーンズを着ていくことが無礼と思われた時代、有名女子大の学生が授業にスカートをはかずに行って教師に注意された時代が一九七〇年代なのである。

そういう時代の中で、もっと自由な生き方があることを『angle』や小林泰彦のイラスト・ルポは目に見える形で教えてくれたのだ。

»

Book

あのころangle　街と地図の大特集1979　新宿・池袋・吉祥寺・中央線沿線編
あのころangle　街と地図の大特集1979　渋谷・六本木・銀座・横浜・下町編
主婦と生活社（二〇一八）

イラスト・ルポ　若者の街
小林泰彦 著
晶文社（一九七三）

Profile

小林泰彦　こばやし・やすひこ
（一九三五〜）

画家・イラストレーター。武蔵野美術学校西洋画科中退。一九五九〜六三年、兄・小林信彦が編集長を務める『ヒッチコックマガジン』（日本版）のデザインやイラストを担当。六七〜七一年、石川次郎編集長時代の『平凡パンチ』に世界の街と若者文化を紹介するイラスト・ルポを連載。七〇年代後半、『MEN'S CLUB』『POPEYE』などでアメリカのアースムーブメント由来の「ヘビーデューティー」を日本に紹介した。社会風俗、旅、自然、アウトドアスポーツなどのイラストレーション、絵と文によるレポートや紀行を中心に活動。著書に、『世界の街イラスト・ルポ』（朝日ソノラマ）、『ほんもの探しの旅』（草思社／ヤマケイ文庫）、『若い旅行者の買物ヨーロッパ』（日本交通公社出版事業局）、『イラスト・ルポの時代』（文藝春秋）などがある。

13

«

すっとした街

槇 文彦 ほか『見えがくれする都市』

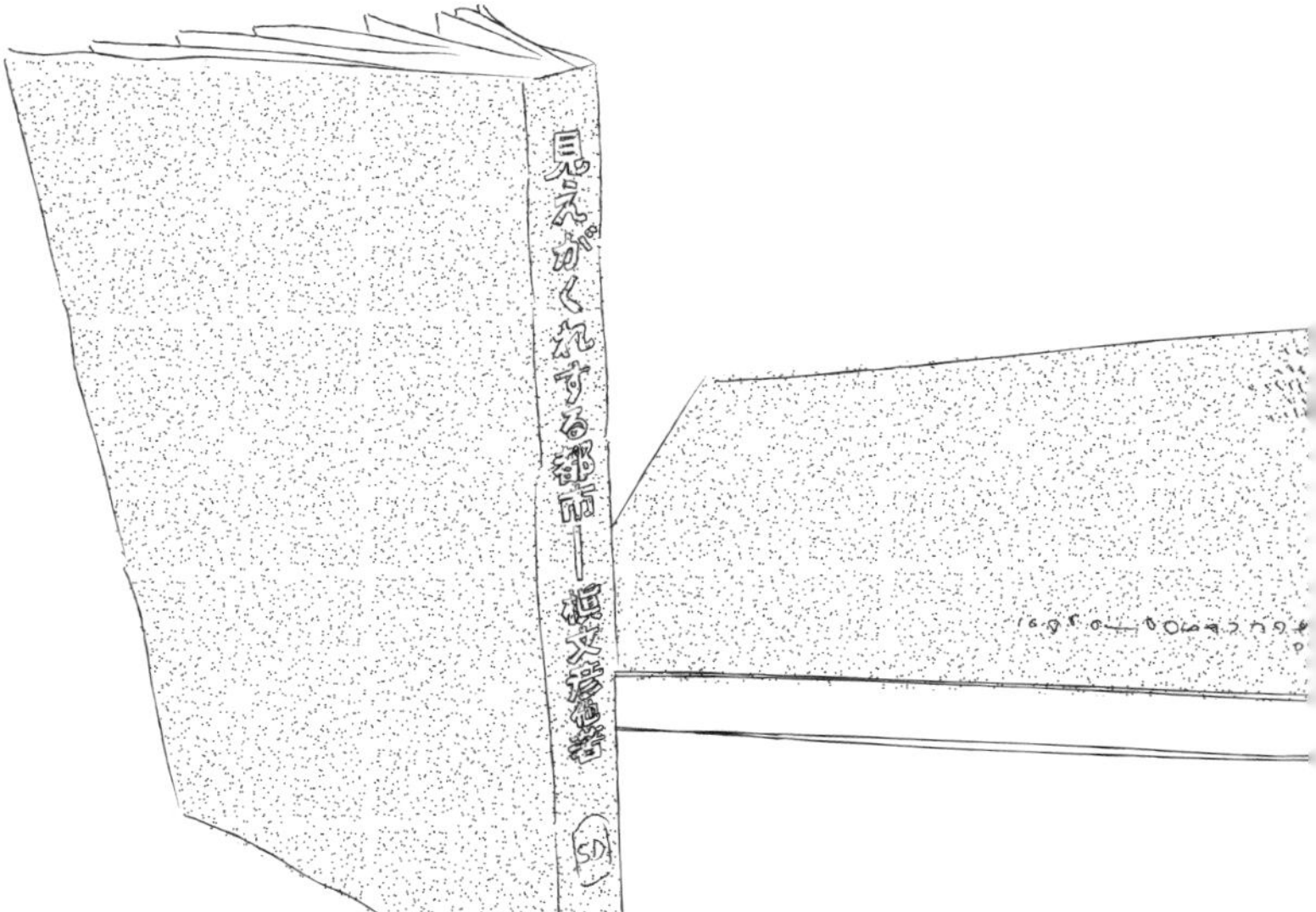

この本には西荻窪が出てくる。東京の中央線の、大正以降に出来た郊外住宅地である。私の今の家も仕事場も西荻窪にある。だからどこかで見たような家並みの写真がこの本にはいくつか登場する。

なぜ西荻窪かというと執筆者の一人が現・東京大学名誉教授の大野秀敏で、彼が若いころ西荻窪に住んでいたからだ。どうやら私がよく行く銭湯の近くに住んでいたらしい。

そういうわけもあって私はこの本をひときわ愛着をもって読まざるをえない。それを差し引いてもこれは実に魅力的で美しい本であり（造本や写真が美しいのではないが内容が美しい）、それはもちろん、小津安二郎の映画のように、日本の都市と建築の、薄く、弱く、はかない美しさを反映したがゆえのものである。

すぐに消え去ってゆくはかないことをエフェメラルという。都市の消費社会の流行もエフェメラルであり、チラシのように誰も保存せずにすぐに消えて捨てられてゆく紙切れなどをエフェメラという。

日本の文化は、その奥底においてこのエフェメラルであることに美の中心を置く。薄く、弱く、透けて、はかない。

それはよく言われるように、日本が四季に満ちているからだろう。その四季ゆえに、季節ごとに衣裳を取りかえ、異なる食べ物を楽しみ、ふすまを取りかえ、掛け軸を替え、器をかえ、花をかえ、布団をかえ、というように、ほぼひと月に一度や二度は変化をつけていくことになるのである。

つまり日本の文化はその本質がエフェメラルである。ゆえに建築や都市は本来西欧のものとは異なり、衣服のように軽く、薄い。

軽く薄いものを、重ねたり、はずしたり、吊るしたり、風に揺らがせたりしながら、日本の建築はその美しさを表す。これ見よがしの美ではなく、見えたりかくれたりする美である。

生け垣、格子戸、障子などにより見えがくれしながら、空間がつくられる（杉並区南荻窪、1977）

それは槇文彦の言葉では「すき間」の美学である。それは単なる「残余空間」ではなく、「むしろ都市空間に独特の緊張感を与える、一つの媒介空間」である。

また槇は「空間のひだ」に着目する。東京都心では、たかだか二〇メートル前後の台地がいくつも存在することによって、坂が多く、ゆえに坂道、曲がった道、Uターン、あるいは窪地、池などをつくり出す。切り立った崖があり、石階段があり、そこに樹があり、崖には苔がむし、蔦がはびこる。

このようにして東京の街は、様々な大きさと形状とテクスチャーをもった無数の要素が「何層にもかかわりあい、包まれることによって形成された多重な境界域がつくりだ」される。「ひだ」とか「包まれる」という言葉は明らかに衣服を連想させる。西洋のように石を積み上げ、城壁をつくり、塔を建て、明確な力強い境界を意識させるものではなく、柔らかな衣服のように人間をそっと包み込むものとして、日本の都市、というか街並みが特徴づけられる。玄関には、武家屋敷などを別とすれば重厚な門はなく、生け垣や格子戸によって、内と外とを分けるでもなく分けぬでもなく仕切るだけであり、店はのれん一枚で仕切られるだけである（それは隈研吾の言う「負ける建築」にもつながる）。

こういう「空間のひだの重層性は」「世界中の様々な都市を見、歩いてみて」「他の地域にはなく」「日本においてのみ発見しうる最も特徴的な数少ない現象のひとつである」と槇は書く。そしてそのひだとすき間によって重ねられた「玉ねぎ」のような、しかし「濃密な空間形成の芯」に日本人は「奥」というものを想定していた、「奥」という概念を設置することによって比較的狭小の空間をも深化させることを可能にしてきた」と槇は言う。その「求心的な奥性の存在が」「日本の都市空間の形成の」「原点にあった」というのである。

しかしどうひいき目に見ても現代の日本の街・町は「ひだ」も「すき間」も「奥性」も失っている。

大野が歩き回った西荻窪などの住宅地は、大正・昭和の住宅が次々と取り壊され、土地は細分化され、庭はなくなり、直方体のヘーベルハウスが建つか、三階建てのミニ戸建住宅が三、四軒ずらりと並ぶのである。どう見ても空間はのっぺりとしてひだを失い、すき間は単なる「残余空間」となり、住人の気配をそこはかとなく感じることもなくなり、空間的にも心理的にも奥行きなんてものは消失している。

これを上流文化が消えて中流文化、大衆文化が広まった結果であると考えることはできる。が、中流よりも貧しい人々が住んでいた下町の裏通りの長屋ですら、人々は玄関先に鉢植えをいくつも並べて四季を楽しんでいた。玄関は格子戸で、夏ともなれば格子戸もあけてすだれを掛け、軒先にイスを出して腰かけて、近所の人たちと世間話をしていた。そういう風景にはすき間とひだと奥行きがある。

つまり、大正・昭和の上流階級（当時は中流階級だったが）が失われたから「ひだ」と「すき間」と「奥行き」が失われたというより、そもそも「ひだ」と「すき間」と「奥行き」を重んずる生活文化がなくなり、のっぺりした大量生産品的生活が前面にせり出してきてしまったのだ。

そこには「すき間」といえばすき間風を条件反射的に連想し、それをシャットアウトすることを絶対善と信じるアルミサッシ会社と、すき間にはゴキブリが潜んでいると脅す製薬会社と、

「ひだ」といえば老人のしわしか連想しないツルツルピカピカプヨプヨの肌を愛する化粧品会社の美意識と、奥といえばウォークインクロゼットの奥の方に眠る一〇年以上着ていないタンスのこやししか想い浮かばない消費者との、とても複雑な共犯関係があるとしか思えない。

都心部を見渡しても、槇が育った港区の坂は削られてギラギラ光る巨大な超高層ビルがエラそうに自己主張しながらそそり立ち、複雑なすき間も路地も防火上危険であるといわれてつぶされ、コンピュータが計算した幾何学的なカーブを描くなめらかなアスファルトの道路にとって代わられている。

「すき間」の「すき」と「透ける」の「すく」は同根である。「す」という音は、空気や光や水や物や、しばしば時間や意識が、狭いところを静かに軽やかに知らぬまに流れて行く様子や気分を表している。

刷る、摺り足、磨り硝子、髪を梳く、紙を抄く、畑を鋤く、時が過ぎるなどの「す」も同じである。あるいは水や空気が澄むの「す」も同じだろう。

「すいすい流れる」「すやすや眠る」「すーすー寝息を立てる」の「す」も同じである。水や空気や気持ちが、静かに、ひっかかりなく流れているのである。その時人は「すがすがし」さを感じる。と同時に一抹の無常を感じるのである。

障子やふすまもすーっと開かないといけない。簾（す、すだれ）はまさに光と風と気持ちを静かに通す、とても日本的なしつらえである。

こうした日本の風景の「奥行き」「すき間」「ひだ」「透ける」ことの美意識を写し取った写真家が福原信三であろう。

枯れた柳の木の細い枝の向こうに見えるガラス戸。

小さな石段を昇る玄関ドアとその間の木の柱、それらに落ちる木影。

何といっても日本的情景であるのは、縁側の障子に映る木枝や軒から下がるすだれの影、二階の部屋の板の間、畳、障子、縁側を経て、手すりにかかる手ぬぐいに向こうに見える家、そのまた向こうにぼんやりとたたずむ山。ここには土と木と紙と水と植物しかない。

その美意識は、アジェがパリの哀切を最もそれらしく写し取ったように、日本の町と家と自然とが一体となった風景を最もそれらしく、まるで水墨画のように印画紙に定着させた。

現代の都市に欠けるものはこの「す」

福原信三「障子戸」撮影地・撮影年不詳(出典:『光の詩情——福原信三の世界』資生堂企業文化部)

の感覚である。人は密集し、車は渋滞し、巨大なビルが林立し、光も風も気持ちよく通り抜けて行かない。

そういう意味では、丸の内仲通りの近年の変貌ぶりは見事である。単にオフィスビルに挟まれた道路にすぎなかったものを、人々がそぞろ歩き、ベンチに腰かけ、緑の中で語らえる場所に見事に変えた。人と光と空気が流れる場所に変えたのである。

おそらくその問題にかなり自覚的に取り組んで大きな成果を挙げたのが隈研吾なのだ。日本の伝統住宅であれば当然ある「す」の感覚と、現代的な建築との接合である。

補遺

馬渕明子著『ジャポニズム――幻想の日本』によれば、浮世絵に影響を受けたモネは木の枝や葉のすき間から向こうの風景に視線が移動するような絵をいくつか残している。その典型作品が「木の間越しの春」である。田中英二は日本画においてこのように対象の前に簾や草を置き、その向こうにある物が見えがくれすることでかえって対象を引き立てる効果を「すだれ効果」と名付けた。

»

Book

見えがくれする都市

槇 文彦・大野秀敏・若月幸敏・高谷時彦 著

鹿島出版会（一九八〇）

Profile

槇 文彦　まき・ふみひこ

（一九二八〜）

建築家。東京大学工学部建築学科卒業後、クランブルック美術学院およびハーバード大学大学院修士課程を修了。スキッドモア・オーウィングズ・アンド・メリル勤務、ワシントン大学およびハーバード大学助教授などを経て、一九六五年、槇総合計画事務所設立。七九〜八九年、東京大学教授。

「名古屋大学豊田講堂」（一九六〇）、「スパイラル」（一九八五）、「風の丘葬斎場」（一九九七）、「マサチューセッツ工科大学　新メディア研究所」（二〇〇九）、「4ワールドトレードセンター」（二〇一三）など、国内外で数多くのプロジェクトを手掛ける。日本建築学会賞、プリツカー賞、AIAゴールドメダルなど多数受賞。

約三〇年の歳月をかけて都市文化の育成に取り組んだ「ヒルサイドテラス」（一九六七〜九二）、「新国立競技場」建設に対する神宮外苑の歴史的文脈を踏まえた提言など、建築物を取り巻く周囲の環境、都市に対し透徹した視線を向け続けている。

関連文献

槇文彦＋アトリエ・ヒルサイド編著『ヒルサイドテラス白書』住まいの図書館出版局、一九九五

福原信三・福原路草『日本の写真家3　福原信三と福原路草』岩波書店、一九九七

資生堂企業文化部編『福原信三の世界　光の詩情　The world of Shinzo Fukuhara: poetics of light』資生堂企業文化部、一九九四

14

«

江戸は田園都市だった

川添 登『東京の原風景 ——都市と田園との交流』

石川栄耀の章（五六頁）でも書いたように、二〇世紀初頭にイギリスで世界初の田園都市レッチワースを設計したレイモンド・アンウィンは日本の都市の「田園都市」ぶりに憧れを持っていたらしい。幕末から明治にかけて日本を訪れた欧米人は、多くが日本の滞在記を著した。そうした本をアンウィンもいくつか読んだのに違いない。

石川がアンウィンを訪れた一九二三年から三年後に生まれた川添登は、イギリス人植物学者ロバート・フォーチュンについて触れている。フォーチュンは、日光御成道沿いに千駄木の菊づくりから染井の花き栽培を見て歩き、飛鳥山の下の滝野川沿いの料亭の「おもてなし」に感動し、花と芸妓の美しさをほめたたえているのだ。

そして『東京の原風景』は、かつての東京が、スモッグで汚れた世界の工場イギリスの首都ロンドンに住むアンウィンが憧れる「田園都市」であったことを、緑、湧き水、地形、武家屋敷などの観点から詳細に論ずる。

「現在でも、おそらく東京は、大阪や京都などに比べて、はるかに緑の多い都市であろう。」と川添は「序」に書く。「現在」とは一九七九年である。

当時東京の空気は工場のばい煙や自動車の排気ガスで汚染され、水は工場排水や生活排水で濁り、一日街を歩くと鼻の穴が真っ黒になるほどであった。「コンクリートジャングル」「東京砂漠」と呼ばれた時代であるし、都市公園の少なさが指摘されていた時代であるから、川添の言葉はちょっと意外に感じる。

『東京の原風景』に掲載されている飛鳥山花見の図（出典:「新撰東京歳事記」上編）

だが、たしかに公園は少なく川は汚れていたが、広い庭を持つ家が今より多く、庭には松や梅や桜や柿などの木があって、うっそうとしていることはまったく珍しくなかった。柿やみかんが季節ごとに実をつけて明るく輝く風景は今でも少しは見られる。「京都は、一見すると緑に恵まれているようだが、それは周囲に山がせまっているからであって、市内に緑は意外に少なく、東京の方が豊かである。まして明治の東京、さらに江戸となると、自然の緑に恵まれていたことでは、おそらく世界のどんな都市も、とうてい比較のできないものだった。」「日本人の世界観が、自然に対して強く傾斜したものであることはよく知られているが、江戸は、この世界観によってつくられた世界にもまれにみる、豊かな自然、すなわち緑と四季の花々とに恵まれた都市であり、」「『世界最大の田園都市』とよばれるにふさわしいものだった」と川添は書く。

考えてみれば不思議な話である。川添は駒込、染井あたりの出身なのである。染井はソメイヨシノの発祥の地である。東京に緑が多いことに気づかないはずはない。

おそらく、それほどまでに戦災によって焼け野原になったことのショックが大きかったのである。そしてそこから復興するためにコルビュジエ的な、あるいはアメリカの大都市のような鉄筋コンクリートの高層ビルが林立する都市を目指したがゆえに、緑の多い東京という観念が頭に浮かぶことがなかったのであろう。

それが一九七〇年代、経済成長がかなり達成されると同時に、先述したような公害が自然を破壊したことへの反省が強まった。七〇年の大阪万博は「人類の進歩と調和」というテーマを掲げ、経済成長と自然環境の調和を図ることの重要性が広く国民に自覚された。七〇年の広告キャンペーン「ディスカバージャパン」「モーレツからビューティフルへ」は、日本の中の歴史や自然の再評価を促した。

一方、七三年のオイルショック後、最新技術によって省エネ化を進め、自動車の排ガス規制の厳重化にいち早く対応し、工業製品を世界中に売りまくることに成功し、七九年には『ジャパンアズナンバーワン』という本がベストセラーとなるまでのぼりつめた。

このように、高度成長がもたらした矛盾に対する見直しと、高度成長後の経済的成功が合わさって、日本人の中にみずからの歴史を再評価し、自信を持とうとする心理が広がった。そのことが、川添が東京を「世界最大の田園都市」だと宣言したことのひとつの背景であるように思われる。

日本は世界一だとおだてられて調子に乗った日本人は、『原風景』から一〇年後、バブル経済の最高潮に達し、豊かな植栽の庭を持つ二〇〇坪の邸宅をぶっ壊して、五〇坪に分割し、庭の代わりにガレージのあるつまらぬプレハブ住宅を建て、路地裏にたくさんの植木鉢を置いて朝顔やほおずきを育てていた下町の店にダンプカーを突っ込ませて地上げをし、安藤忠雄のニセモノみたいなどうでもいいビルを建てていた。

もしデベロッパーたちに、東京は世界にも稀な田園都市だったという知識が少しでもあれば、こんな無茶苦茶なことは〝差し控えた〟ことであろう。

こうした開発主義は今もさして変わらないが、それでも様々な環境政策によって、多摩川に鮎が戻ってきたとか、東京湾で少しは海水浴ができるといったところにまで、東京の水と空気と緑は回復してきた。無数の超高層ビルの林立はどう見ても田園都市の風景ではないし、山の手の住宅地の庭の緑も失われていくばかりであるが。

Book

東京の原風景
——都市と田園との交流

川添 登 著
NHKブックス（一九七九）★
ちくま学芸文庫（一九九三）

Profile

川添 登　かわぞえ・のぼる

（一九二六〜二〇一五）

建築・都市評論家。早稲田大学文学部心理学科を経て、同大学理工学部建築学科に編入し今和次郎の助手となる。一九五三年、同大学同学部卒業後、『新建築』編集長。そのかたわら、「岩田知夫」のペンネームで建築評論を執筆。いわゆる「伝統論争」を仕掛け、建築評論の礎を築く。五七年、建築評論家として独立。

一九六〇年、「メタボリズム」に参加。六八年、梅棹忠夫、加藤秀俊、小松左京、榮久庵憲司らと「日本未来学会」発足。七〇年、「CDI／コミュニケーションデザイン研究所」設立。七二年、「日本生活学会」設立。九七年、道具学会設立。主な著作に、『現代建築を創るもの』（彰国社）、『建築の滅亡』（現代思潮社）、『建築と伝統』（彰国社）、『伊勢神宮　森と平和の神殿』（筑摩書房）などがある。

関連文献

北区飛鳥山博物館編『江戸のリッチモンド——あこがれの王子・飛鳥山展：平成16年度企画展図録』東京都北区教育委員会、二〇〇五

ロバート・フォーチュン『幕末日本探訪記——江戸と北京』講談社学術文庫、一九九七

内務省地方局有志編『田園都市と日本人』講談社学術文庫、一九八〇

15

《

消費郊外のまがまがしさ

藤原新也『東京漂流』

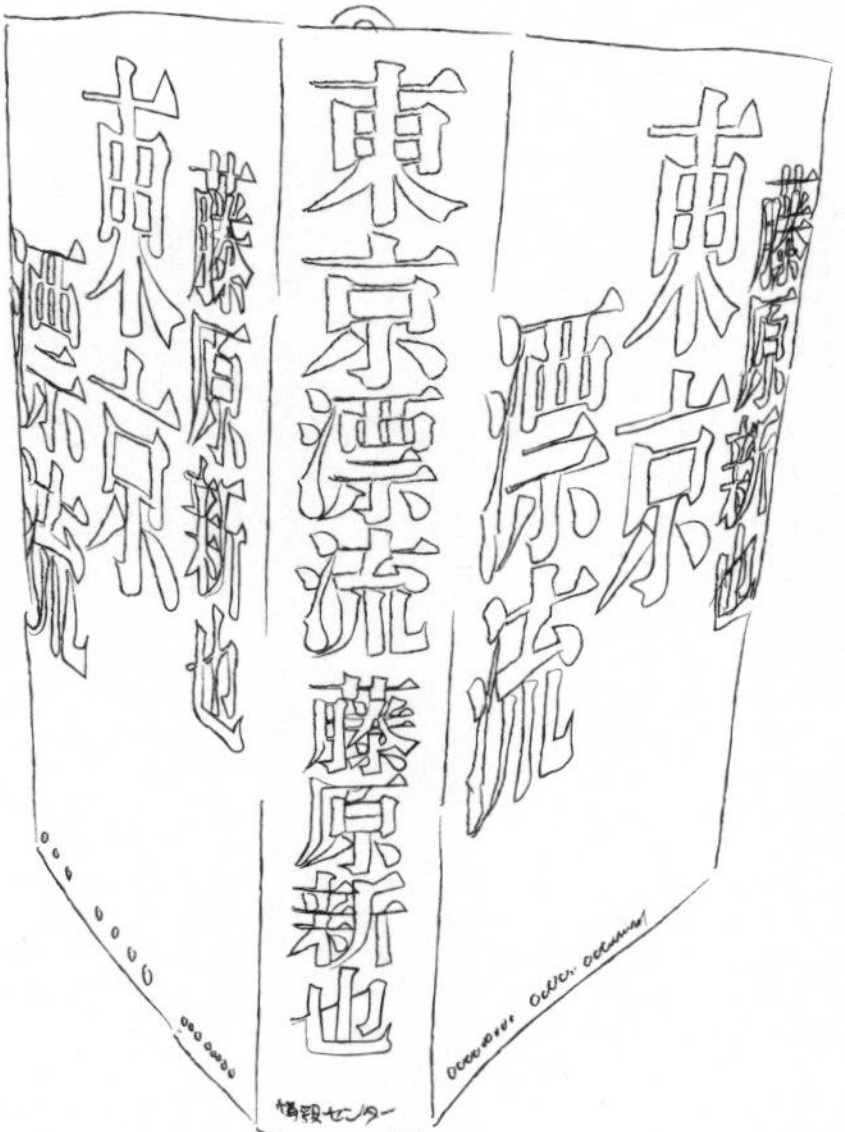

「三浦っ！　これがマーケティングだ！」

上司が唸るように叫んだ。珍しい会社である。マーケティング雑誌の編集長とは思えない。パルコ時代の『アクロス』編集部での話である。入社一年目の年明け早々、一九八三年一月のことであった。

「珍しい」と書いたが、一九八〇年代にマーケティングを仕事にしていた人たちの中には、元学生運動の闘士や元ヒッピーなどがたくさんいた。慶應義塾大学商学部でマーケティングを学んだなんていう人は、大手企業にはいただろうが、そういう人たちが堅くなった頭をシャッフルするために社外のフリーランスのマーケッターの知恵を借りる。フリーランスでマーケティングをしている人たちは、かなり左翼的で、本来建築を学んだとか、美大出身だとかいう人が多かった。私の上司は経済学部だが、演劇をしていたらしい。

そういう人たちにとっては『東京漂流』がマーケティングだと思えても、おかしくない。

上司にそう言われた私は早速その日の夜同書を読みはじめると一気に引き込まれて時間を忘れて興奮した。私としては珍しい経験だった。

私が学んだ社会学という学問はどちらかといえば社会を批判的に見るものだし、消費社会というものについても、企業が人々を広告によって踊らせて、いらないものを消費させる社会であると考える。

そういう私が『アクロス』に入って、たしかに最初はかなり戸惑った。踊らされるはずの消費者をパルコは「強い消費者」と呼び、「強い消費者」はみずからの力でみずからのライフスタイルを創っていくのであって、それを企業は追いかけていくのだ、というようにパルコは考えていたのだ。

踊らされているのか、強いのか、どちらが正しいかは別として、消費を考えることは宗教を考えることと同じだなと、ウェーバーの宗教社会学で卒論を書いた私は（もちろん赤面ものの雑文だが）、納得した。

そういう私にとって『東京漂流』はルターの宗教批判のような書物に思えた。私がいわば封印していた感情を逆なでしたとも言える。しかも上司はこれがマーケティングだという。としたら、私は『アクロス』で消費社会批判をしてもいいのだ、ということになる。何だか矛盾した、混沌とした感情が生まれた。が、私はその混沌を楽しむことができそうだと思えたのだろうと、当時の私の心理を今にして推し測っている。

『東京漂流』というタイトルは明らかに藤原のもう一つの著作『インド放浪』（一九七二）と対比されている。藤原は一九六〇〜七〇年代まで断続的にアフリカ、中近東、アジアなどをめぐり歩き、七〇〜七一年インドに行き、『アサヒグラフ』に連載され、七二年に単行本化された。

その後藤原は「東京近郊有数の新興住宅地帯に移り住んだ。」「平均的な会社員の住む、やや薬くさくもある2DKの新築アパートである。」「家は、やや高台にある。六畳の間の窓から、かなり広大な向こう側の斜面に群立する建て売り新興住宅が、動かすべからざる風景として展開をしているのが見える。僕は、朝な夕な、四角いアルミ窓を通して、それらの風景と対面しなくてはならない。」「今、僕の前にあるこのニッポンの風景は、あまりに清潔すぎて、もの悲しく、そして軽く、非歴史的であり、空しく、滑稽である。」「そして僕らは、プリントされた天井の杢目を見ながら死ぬであろう。」(『インド放浪』あとがき)

藤原が住んでいたのは戸塚区の横浜市営地下鉄沿線らしい。すでに『東京漂流』の序奏が始まっていた。山田太一が脚本のテレビドラマ『沿線地図』(TBS、一九七九)の舞台は東急田園都市線宮崎台であり、『岸辺のアルバム』(小田急線和泉多摩川が舞台)が余りに有名なので目立たないが、同じような郊外中流家庭のドラマである。山田自身もたしか田園都市線沿線に住んでいた。

『岸辺のアルバム』は一九七七年放送であり、このドラマを見た者は、八〇年一一月の田園都市線宮前平駅近くの一戸建て住宅で金属バット両親殺害事件があったとき、ドラマが現実になった、しかももっとひどい形で、と感じたはずだ。

『東京漂流』の白眉は、この金属バット事件の現場である家をまるで不動産屋の広告のように、青い空をバックに白く輝く家として撮った写真にある。「輝く郊外」の中の三菱グループ三大高収益企業の東大卒の管理職とその妻という輝かしい夫婦の、浪人生の次男による殺害。その

藤原新也『東京漂流』情報センター出版局。表紙の写真は金属バット両親撲殺事件の家

現場を殺人事件現場らしく、ではなく不動産広告のように撮る。

金属バット事件以来、宮崎勤による幼女連続殺人事件、オウムの一連の事件、酒鬼薔薇聖斗事件、二〇〇〇年代以降の秋葉原での無差別殺人、相模原障害者施設での四五人殺傷事件、座間市での自殺サイトで集めた男女九人を自宅で殺害しバラバラにした事件などなど、中流家庭出身者の大事件は多い。かつ、犯人のほぼすべてが、親のような中流にはなれないとあきらめた（またはなる意味を感じない）と思われる人々である。逆に元農水省事務次官が引きこもりの息子を殺した事件もあった。中流の内部崩壊が一九七〇年代後半から次第に目につくようになり、八〇年代にはそれが明らかとなり、近年はいわば常態化している。『東京漂流』

はそうした大きな地殻変動に対する警鐘であったのだろう。

　私自身は犯罪で現代社会を語ることを最近しないのだが、それでも気になるのは容疑者が住んでいた家である（座間の事件のアパートは見に行ったが）。テレビに映るそれらの家が皆、白く、きれいなのだ。映画『万引き家族』のような貧乏人の家ではない。心が病んでいるかどうかは、白い外観からはわからない。そこが不気味である。そういう時代を『東京漂流』は予言したのである。

Book

東京漂流

藤原新也 著

情報センター出版局(一九八三)

朝日文庫(二〇〇八)

Profile

藤原新也 ふじわら・しんや

(一九四四～)

生家は福岡県で旅館を営んでいた。旅館廃業後、大分県別府市に移り中学・高校時代を過ごす。東京藝術大学美術学部絵画科油画専攻中退。アフリカ、中近東、インド、東南アジア、台湾、東京、アメリカ、ヨーロッパ諸国を対象に、写真とエッセイを組み合わせた作品を発表。『アサヒグラフ』で連載されたインド放浪記は大きな反響を呼び、『インド放浪』として単行本化。七七年、パルコの広告「あゝ原点。」に写真家として参加。同年、『逍遙游記』で第三回木村伊兵衛写真賞。八一年に発表した『全東洋街道』で第二三回毎日芸術賞を受賞。八三年に発表した『東京漂流』は、大宅壮一ノンフィクション賞および日本ノンフィクション賞に推挙されたが、本人の意思により辞退となった。

『東京漂流』の続編『乳の海』を機に三浦は『アクロス』誌上でパルコ社長・増田通二と藤原の対談を企画(一九八六)。同対談は、八七年のアクロスSS選書『東京の侵略』に増田の提案で転載された。

関連文献

藤原新也『乳の海』情報センター出版局、一九八六/朝日文芸文庫、一九九五

藤原新也『インド放浪』朝日新聞社、一九七二/朝日選書、一九八二

この本のBGM 30

音楽を聴くと風景が思い浮かぶことがある。逆に言えば、風景を見ると音楽が思い浮かぶ。都市を感じる本を読めば、その都市・風景にふさわしい曲が浮かぶだろう。

グレン・グールドは夏目漱石の『草枕』を愛読したそうで、だからか『草枕』を読みながらグールドの「ゴルトベルク変奏曲」一九八一年盤を聴くと見事に調和する。

それと同じように都市を感じる本それぞれにお似合いの曲を選んでみた。

♪01 『アッジェのパリ』

アリス＝紗良・オット『NIGHTFALL』
ユニバーサルミュージック

エリック・サティ
ジムノペディ

場末と酒場を行き来する

エリック・サティは1887年からパリ・モンマルトルに住んだが、98年にパリ南部郊外の街であるアルクイユに引っ越した。アジェが写真を撮り始めた頃である。郊外は、都市改造によりパリの中心から周辺へとはじき出されたジプシー、貧民、屑屋、犯罪者たちにより無法地帯となっていた。*1

♪02 『最暗黒の東京』

土取利行『添田啞蟬坊・知道を演歌するVol.2』立光学舎

土取利行
金々節

貧富の格差を歌う

東京の貧民街にふさわしい曲を探して思いついた。いろいろ聴いたがこの曲が最適だ。「金だ金々　金々金だ　この世は金だ　誰が何と言おうと黄金万能　金だ力だ　力だ金だ」と歌う。啞蟬坊は1890年頃から「最初の演歌」歌手として活動したから『最暗黒の東京』と同時代である。

♪03 『ユルバニスム』

『エドガー・ヴァレーズ：作品全集』Decca

エドガー・ヴァレーズ
ポエム・エレクトロニク

電子音楽とモダニズム

コルビュジエは1958年のブリュッセル万博のフィリップス館をクセナキスと共に設計した。その中で流されたのが電子音楽作曲家のヴァレーズによるこの曲である。『ユルバニスム』の時代よりかなり後だが、コルビュジエの近代性を表すためにこの曲を選んだ。

♪04 『モデルノロヂオ』

ジャンゴ・ラインハルト『ジャンゴロジー』BMGビクター

ジャンゴ・ラインハルト
ジャンゴロジー

無常の都市の音楽

ジャンゴ・ラインハルトはジプシーのギタリストであり、1920年頃からパリで暮らし、多くのジャズミュージシャンに影響を与えた。哀しく、少し楽しく、人生の無常を感じる。無数の演奏があるので最も手軽に入手できるアルバムを選んだ。

♪05 『濹東綺譚』

春日とよ
笠森おせん

江戸の粋を三味の音で

永井荷風に『恋衣花笠森』という小説があるそうで、その元になったのがこの曲らしいということで選んだ。器量の良い町娘・お仙が評判になったために大勢の男達が一目見ようと笠森稲荷参拝にかこつけて、お仙の働く茶屋に来るが、お仙には幼馴染の下級武士の恋人がいて、という話だそうだ。

♪06 『都市計画家　石川栄耀』『評伝　石川栄耀』

『日本の流行歌スターたち6　小唄勝太郎　天東京音頭』ビクターエンタテインメント

小唄勝太郎　**東京音頭**

真夏の夜の踊り

「夜の都市計画」(1925年)を唱えた石川にふさわしい曲ということで選んだ。曲は1932年の作。もともと「丸の内音頭」という名で日比谷公園での盆踊り大会で披露された。曲の人気を感じたビクターは、全国的に流行させるため33年7月「東京音頭」と改題して発売。生まれ故郷の東京に盆踊りを作ることが念願だったという西條は「どうせ書くなら、ひとつ東京全市を賑やかに踊り狂わせる、たとえば阿波の阿呆踊のようなものを書いてみたい」と考えたという。

♪07 『木村伊兵衛のパリ』

Yves Montand『Best of Yves Montand』Columbia Europe

イヴ・モンタン
パリの空の下

サンジェルマンの枯れ葉を踏みながら

フランスの代表的シャンソン。1960年代にはテレビでシャンソンを歌う日本人歌手も多くいて、この曲もよく歌われた。エディット・ピアフを始め多くの歌手が歌ったが、本書にはイヴ・モンタンが合うかと思う。

♪08 『2001年の日本』『絵でみる20年後の日本』

『鉄腕アトム　オリジナルサウンド・トラック』フォーライフミュージックエンタテイメント

鉄腕アトム

科学の時代のテーマソング

未来都市画家・真鍋博にぴったりの曲と言えば『鉄腕アトム』主題歌において他はない。大阪万博の開催された1970年まで真鍋の全盛期は続くが、60年代末から70年代初頭にかけては学生運動が激化し、公害や交通事故も増えて真鍋の未来像は役割を終える。だから70年前後には真鍋にふさわしい曲はないと思う。

09『人があつまる』

アラン・ホークショウ『Girl In A Sports Car』Coliseum

アラン・ホークショウ
Dave allen at large

スウィンギング・ロンドン
浜野安宏のつくったディスコMUGENでどんな曲が流れたか知らないが、スウィンギング・ロンドンと呼ばれた1960年代後半の音楽ではないか。クリーム、ピンク・フロイド、そしてジミ・ヘンドリックスがデビューし、サイケデリックなど実験的な音楽を次々と発表。ディスコでは人気モデル・ツイッギーのようなミニスカートをはいた若い女性達が踊りまくった。ホークショウはその時代の雰囲気をよく伝えている。

10『マチノロジー』

はっぴいえんど『風街ろまん』ポニーキャニオン

はっぴいえんど
風をあつめて

街は変わってしまう
望月照彦は屋台や路地裏などをたくさん取り上げているが、なんとなくイメージに合うのはこの曲だ。作詞をした松本隆は青山の出身で、オリンピックによって東京の街がどんどん変化するのを見て、東京は風のような街だと思ったのがこの曲の原点だという。望月の筆致にもどこかそういう諦念が感じられる。

11『パタン・ランゲージ』

『「雨に唄えば」オリジナル サウンド・トラック』SMJ

ジーン・ケリー　**雨に唄えば**

踊りたくなる都市のエレメント
アメリカの有名なミュージカル映画『雨に唄えば』の主題歌。主演ジーン・ケリーがニューヨークの夜の街で雨の中を踊りながら歌う。街灯、窓、階段、ショーウインドウ、煉瓦の壁など、いろいろな都市のエレメントがすべて魅力的に見える。そこが本書にふさわしい。

12『あのころangle 街と地図の大特集 1979』

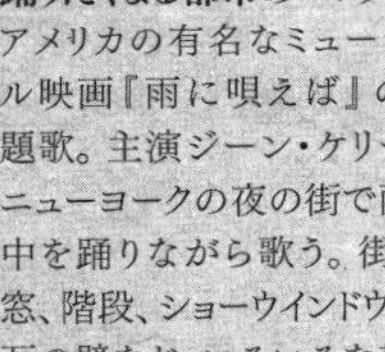

猫『地下鉄に乗って』ODYSSEY/CBS・ソニー

猫　**地下鉄に乗って**

地図を見ればどこにでも行ける
『angle』の無数の詳細地図を見ていると、地下鉄の路線図が思い浮かんだ。だったらこの曲しかない。1972年頃ヒットし、私もラジオで何十回も聴いた。丸ノ内線が舞台の曲で、駅名は赤坂見附と四ツ谷しか出てこないが、地下鉄に乗るとどこにでも行ける東京の街の雰囲気がよく伝わる。

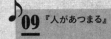

♪13 『見えがくれする都市』

エマニュエル・パユ『モーツァルト：フルート四重奏曲（全曲）』

モーツァルト
フルート四重奏曲

さわやかな風が抜けていく

さわやかな風がすーっと抜けていく感じの曲ということで選んだ。品が良く、やさしく、フルートの音色がレースのカーテンをひらひらと動かすように聞こえる。

♪14 『東京の原風景』

ノイマン『スメタナ：連作交響詩「わが祖国」』日本コロムビア

スメタナ
わが祖国 II モルダウ

故郷の風土を想う

桜や菊をテーマにした曲を探したが、あんまり古い曲は本書には似合わない。川添登は近代主義、メタボリズムの建築評論家である。だがなにしろ「原風景」なので、ということで思いついた。プラハを流れるモルダウ川がテーマだが、自然と調和した風土の姿を感じさせる、胸痛む名曲である。

♪15 『東京漂流』

『新宿の女　演歌の星／藤圭子のすべて』日本ビクター

藤 圭子　**新宿の女**

郊外は怨みを受け入れられるか

『東京漂流』のテーマは郊外だ。Mr.Childrenに私は郊外世代の心の漂流を感じるのだが、藤原新也らしい強烈な臭いを発する漂流感のある曲は知らない。ということで、藤圭子にした。『東京漂流』が扱う郊外住宅の主は、帰宅途上の繁華街の小さな店で酒をよく飲んでいたという。そう思うと意外にこの曲が似合う。

♪16 『繁華街を歩く』

『生誕100年記念 ブギウギ伝説 笠置シヅ子の世界』日本コロムビア

笠置シヅ子　**東京ブギウギ**

ワクワクしたい

歌になった繁華街としては銀座と新宿が圧倒的に多い。だが、何十もの繁華街を歩いて調査した松澤光雄の著書には、東京全体の盛り場の生き生きした様子を感じさせるこの曲がいいだろう。

♪17 『ヴェネツィア』

ルチアーノ・パヴァロッティ『オ・ソレ・ミオ　イタリア民謡集』Decca

ルチアーノ・パヴァロッティ
オ・ソレ・ミオ

太陽の海の都市

ヴェネツィアにはもっと妖艶な夜の世界も似合いそうだが、いつまでも明るく元気で精力的な陣内秀信に似合うのは、ベタだけど、やはりこの曲をパヴァロッティで。

♪18『都市という劇場』

フランク・シナトラ『ニューヨーク・ニューヨーク』ワーナーミュージック・ジャパン

フランク・シナトラ
ニューヨーク・ニューヨーク

私もニューヨークの一部でありたい

都市研究者・リサーチャーの著書には、世界中の人々を惹きつけてきた20世紀の世界都市ニューヨークを歌い上げる戦後アメリカの大スターの歌声を。

♪19『看板建築』

藤山一郎「東京ラプソディ／東京娘」ビクターエンタテインメント

藤山一郎　**東京ラプソディ**

恋の都に恋をする

この曲の発売は1936年だから、震災復興もだいぶ進んだころだろうか。看板建築は今見ると渋くて味があるが、できた当初はカラフルでデザインも多様だったので、藤山の明るい歌声が似合うだろう。

♪20『昭和二十年東京地図』

ちあきなおみ『演歌情話』ソニー・ミュージックダイレクト

ちあきなおみ　**新宿情話**

別れと失意を抱きしめて

東京23区の周縁まで一歩一歩訪ね歩き、昭和20年の名残を探した本には、おそらく戦後すぐにできた小さな飲み屋が閉店して泣いている女の歌がふさわしかろう。

♪21『集合住宅団地の変遷』

アントン・カラス『第三の男 ツィターの世界』Decca

映画『第三の男』
ハリー・ライムのテーマ

新しい家

団地・アパートが洒落て見えた最初の時代には、第二次大戦後のウィーンが舞台の映画の主題曲が似合いそうだ。

♪22『九龍城砦』

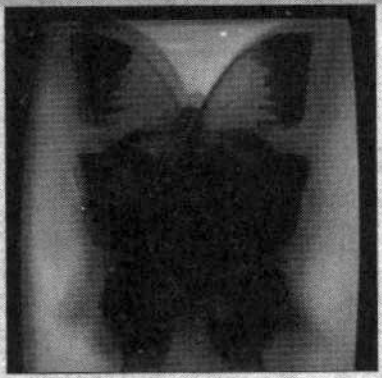

YEN TOWN BAND『MONTAGE』ユニバーサルミュージック

YEN TOWN BAND
Swallowtail Butterfly ～あいのうた～

多国籍で無国籍な未来

岩井俊二監督の傑作『スワロウテイル』の舞台は、おそらく九龍城からイメージされた未来の東京である。その未来は現在になってしまい、異なる国の出身者が共通語である日本語をしゃべる光景にもよく出くわすようになった。

23『TOKYO STYLE』

レッド・ツェッペリン『フィジカル・グラフィティ』Atlantic

レッド・ツェッペリン
聖なる館

自分が部屋の主であれ

家をテーマにした写真集だから、原題「Houses of the Holy」のこの曲が浮かんだ。安直だが似合います。でも原題は、どういう意味なのだろう。知らないけど、自分だけの聖なる家がテーマのこの本にはふさわしい。

24『養老天命反転地』

渋谷慶一郎
SPEC - Main Theme

子供は死なない

渋谷慶一郎には『ATAK019 Soundtrack for Children who won't die, Shusaku Arakawa』というアルバムがある。荒川修作を扱ったドキュメンタリー映画『死なない子供、荒川修作』のサウンドトラックである。サウンドトラックそのままでは芸がないので、YouTubeで見てこの曲を選んだ。

25『集落の教え100』

サンタナ『キャラバンサライ』
Sony Music House

サンタナ
果てしなき道

風に舞う砂の言葉

メキシコ出身で生年不詳のカルロス・サンタナは1969年、あのウッドストックに彗星のように登場して、ラテンの呪術的なリズムとメロディで一気に大人気となった。偉大な社会学者・見田宗介の著書[*2]にも登場するくらいだ。特にこのアルバムは神秘的で宗教的。天からお告げが降ってきそうだ。特に最後の曲「果てしなき道 Every Step of the Way」はスバル・レオーネでアフリカを駆け巡った原研究室にぴったり。

26『東京シェア生活』

上白石萌音『chouchou』
ポニーキャニオン

上白石萌音
なんでもないや

運命の人と偶然出会う

シェアの歌ってのはないと思うが、歌というのはたいがい共感を求めるもので、特にアニメ『君の名は。』主題歌の「なんでもないや」は、運命をシェアしたボーイ・ミーツ・ガール・ストーリーだから、シェアハウスの本に合っているような気がする。

27『台湾人の歌舞伎町』

B'z
太陽のKomachi Angel

B'z『太陽のKomachi Angel』VERMILLION RECORDS

熱くギラつく夜

新宿を歌った演歌は多いので、演歌ではないものを選びたかった。歌舞伎町や闇市時代の猥雑さは、やはりロックがよい。B'zの曲で選んでみた。キャバクラ嬢とホストの歌にも聞こえる。

28『路地研究』

シカゴ『シカゴV』ワーナーミュージック・ジャパン

シカゴ
サタデイ・イン・ザ・パーク

人々は語り、笑い、世界を変える
路地の歌はほぼ演歌になってしまうが、この本のための曲は、町人の生き生きとした様子を表す必要がある。路地は広場でもあるので、土曜日のニューヨークの公園でイタリア人がアイスクリームを売る場面などを歌ったこの曲にした。

29『首都圏 住みたくない街』

ザ・ブルーハーツ『TRAIN-TRAIN』meldac

ザ・ブルーハーツ
青空

生まれた場所で僕の何がわかるというのだろう
この本は不良っぽいところが魅力である。でも田舎の暴走族やツッパリではない。もっと都市的な不良。となるとブルーハーツかなってことで、この曲を。

30『Sensuous City [官能都市]』

セルジュ・ゲンスブール『ジェーン&セルジュ』Fontana

ジェーン・バーキン
ジュ・テーム・モワ・ノン・プリュ

体が感じるということ
本報告書の表紙はなんとフランスのカリスマアーチスト、セルジュ・ゲンスブールと恋人ジェーン・バーキンが銀座の路地裏を歩く写真である。なのでこの曲しかない。

註

1　オルネラ・ヴォルタ『エリック・サティの郊外』昼間賢訳、早美出版社、2018／ブレーズ・サンドラール『パリ南西東北』昼間賢訳、月曜社、2011。

2　真木悠介『自我の起原——愛とエゴイズムの動物社会学』岩波書店、1993／岩波現代文庫、2008。真木悠介は見田宗介の別名

16

人間の本能がつくる巣

松澤光雄『繁華街を歩く　東京編』

地図が好きだ。そういう人はけっこうたくさんいる。あの全体を俯瞰する感覚、点と点がつながれて線になり面になって頭が整理されていく感覚がなんとも刺激的であり心地良い。だから地図を見る快感というのは、知らない街の地図よりも知っている街、少し知り始めたくらいの街の地図を見るときのほうがやはり大きいのではなかろうか。

地図には二種類の機能があって、そういう風に全体を俯瞰する機能と、細部を調べて説明する機能というものがある。後者の地図の典型が松澤光雄がつくり続けてきた繁華街地図だ。

松澤は地理学者であるが、繁華街を専門としており、東京を中心に全国の繁華街を歩きまわり、それぞれの街の詳細な業種別地図をつくってきた。この本に収められているのは、新宿、渋谷、原宿、青山、赤坂、六本木、池袋、銀座、吉祥寺、浅草、上野。その後もレジャー業界誌である『月刊レジャー産業資料』に連載し、北千住、蒲田、自由ヶ丘、錦糸町、下北沢、さらに郊外の船橋、松戸、東大和、浦和、川崎、鎌倉などを調査し続けた。

たとえば新宿の場合、地図をつくるのに、一三〇〇分の一の縮尺の二メートル四方の白地図を使い、一九六三年四月から一年余り、ほぼ毎日三時間ずつ調査をしたという。その白地図への記入が完成すると、そこにトレーシングペーパーを当てて、調査した施設を種類ごとに色分けして塗っていく。完成すると彼はそのトレーシングペーパーを表具師に頼み掛け軸にしたというから愉快である。

もちろん表具師はトレーシングペーパーを掛け軸にしたことなどないので、大層苦心したようだ。だがその後も他の街の地図ができるたびに同じように表装をしていったので、表具師はトレーシングペーパーを表装する新しい技術を開発できたという。笑える。

新宿の調査を通じて松澤は繁華街の「三層構造」の法則を発見する。新宿だと、駅などの中心から半径二〇〇メートル以内には新宿の中心部がすっぽり収まる（中心域）。半径二〇〇メートルから四〇〇メートル内には飲食施設が収まる（中間域）。さらに半径四〇〇～六〇〇メートル内には、旅館街や特殊浴場の集まる地域が収まる（周縁域）。という具合である。

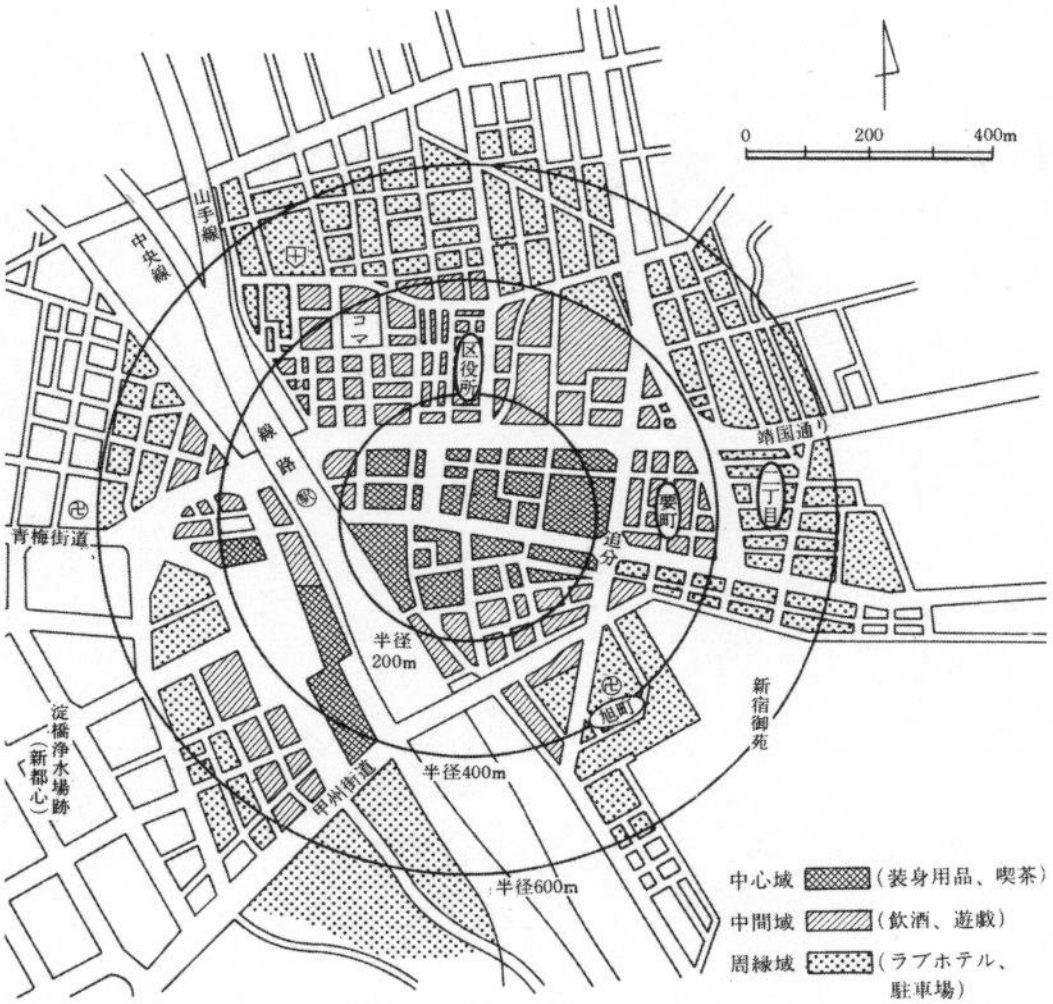

新宿の同心円三層構造　1986年6月10日現在
（次頁とも、出典：松澤光雄『繁華街を歩く　東京編』綜合ユニコム）

こうして形成された大きな繁華街には装身関連、飲食関連、娯楽関連、休憩関連の四つの施設があるが、「これらは人間のもつ本能の表現で、繁華街は人間の本能がそのまま形に現われている場所なのである」と松澤は言う。けだし名言である。

そして「歩行者は街の血液」であり

「繁華街は人間のつくる巣」だという。名言ではないか！

もちろん街の規模が小さいうちは、四つの施設も駅周辺の限られた範囲に集まり混在している。これを松澤は「混合街」と呼ぶ。

しかし、街の規模が毎日の来街人口五万〜一〇万人と大きくなってくると、主に昼間に利用

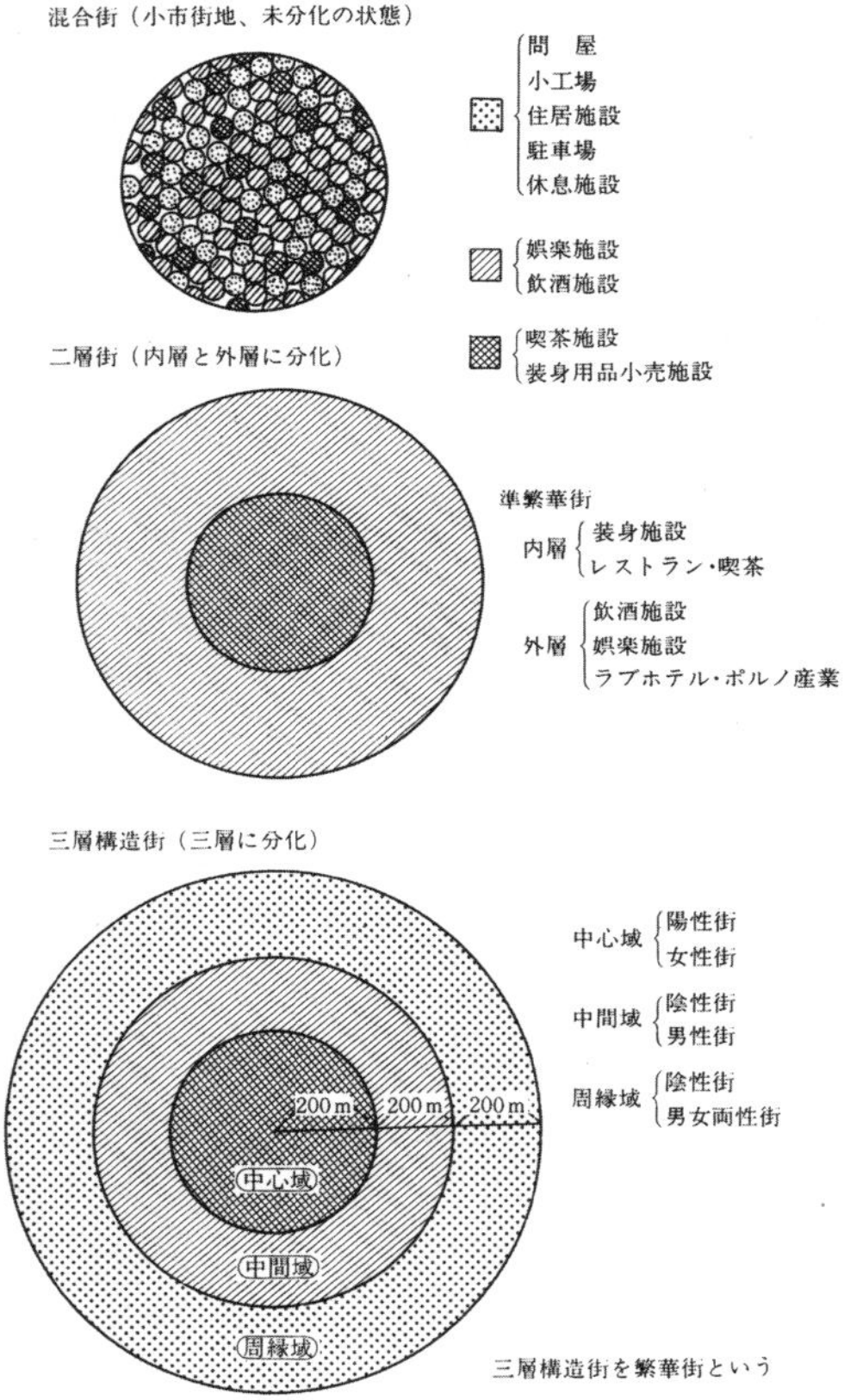

街の分化

される「陽性」の装身具系の施設が中心部を構成する。そして、主に夜に利用される飲酒施設やラブホテルなどの「陰性」の施設は表通りではなく裏通りに立地するようになる。こうして街は二層構造に分離していく。

さらに毎日の来街人口が三〇万人を越すと、街は三層になるという。この三層に分化した街を松澤は「繁華街」と言う。

「中心域」は女性中心の地域である。装身、ファッション、文化の最新のものが集まる。
「中間域」は男性中心である。飲食施設、娯楽施設が立地する。
「周縁域」は男女街である。特殊浴場、ラブホテル、料亭などの休息施設が集まる。

ただしこの類型化は現在では変化していると言える。「中心域」の核だった百貨店の力が衰え、ブランド品の人気も日本の若い世代ではあまりなくなってきたからである。新宿通り沿いも三越はなくなり、家電量販店やユニクロが出店しており、ファッション性や文化のにおいは弱まっている。「中間域」も男だけの街ではなくなり、女性の社会進出とともにむしろ女性のほうが積極的に「中間域」で飲食を楽しむようになっている。

このような時代の変化に対応して、松澤の理論を現代的に組み直していく作業が今求められている。

補遺

「街の回遊性」という概念があるが、これも松澤の考え出したものである。新宿を例にとると人々は東口を出ると新宿通りを伊勢丹に向かう。そして次に通りを渡って帰っていく。途中裏通りに入る人もいるだろう。こういう人の流れを見て松澤は「回遊路」という概念を着想した。魚の群れが大海を遊泳する様子になぞらえた概念である。『繁華街を歩く　東京編』が取り上げた街は、新宿、渋谷、原宿、青山、赤坂、六本木、池袋、銀座、吉祥寺、浅草、上野である。この後松澤は、北千住、自由が丘、蒲田、立川、八王子、町田、大宮、浦和、千葉、川崎などの東京近郊・郊外や、地方都市の調査も継続した。「東京編」だけでなく「郊外編」「地方編」も刊行したかったであろう。残念である。

»

Book

繁華街を歩く　東京編
――繁華街の構造分析と特性研究

松澤光雄　著
綜合ユニコム（一九八六）

Profile

松澤光雄　まつざわ・みつお

（一九一五～没年不詳）
地理学者、社会学者、教育者。一九五三年、立正大学文学部地理学科卒。中野区立第五中学校教諭、千代田区立今川中学校（現・千代田区立神田一橋中学校）校長、跡見学園女子大学教授などを歴任。七三年、『サンケイ商業新聞』に「商店街一等地」を連載。七四～七七年、『サンケイ新聞』に「商い風土記」を連載。八三年から九〇年まで『月刊レジャー産業資料』に繁華街研究を連載。九〇年、「わが国繁華街の機能区域とその空間的配列について」で立正大学文学博士。

17

«

多様な個人の有機的結合としての公共

陣内秀信『ヴェネツィア ──都市のコンテクストを読む』

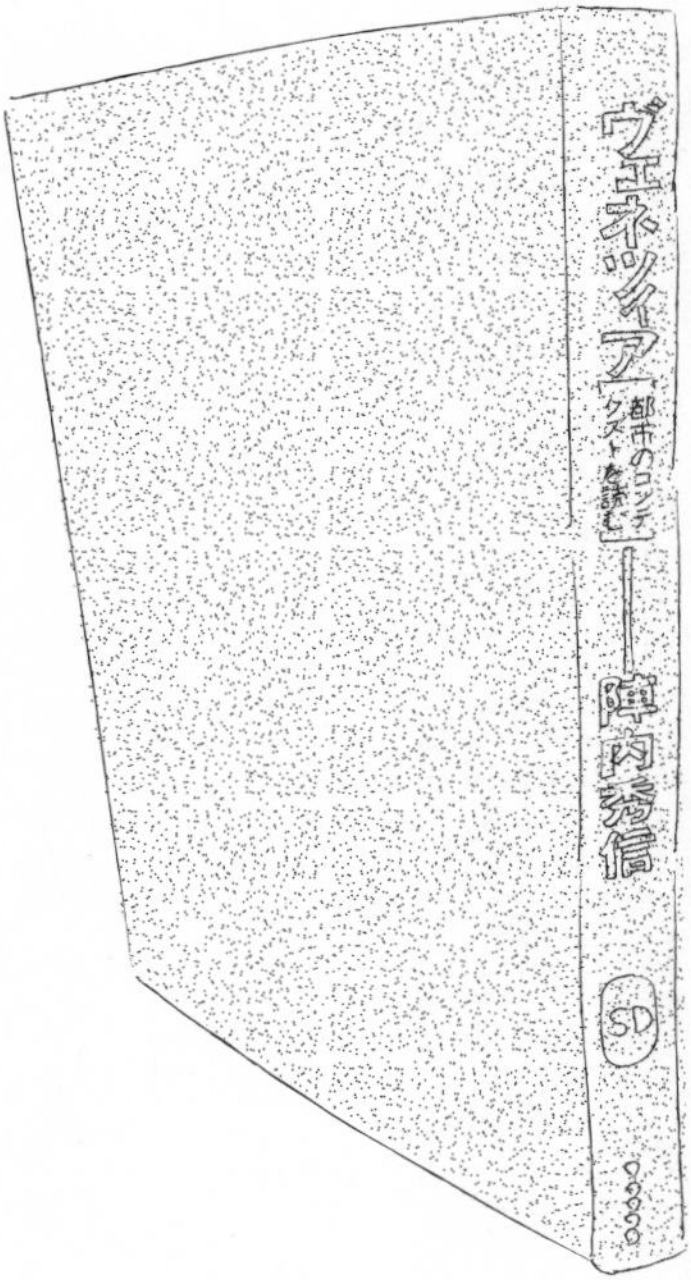

このヴェネツィアは疾走する。若き陣内は毎日朝から晩までヴェネツィア中の路地と広場をかけめぐり、観察し、測量し、史料を漁り、思索したはずだ。ものすごい速度と熱量で。その速度と熱量によって、しばしば妖しく誘惑的なイメージのヴェネツィアが、陣内自身のキャラクターも乗り移って、明るく、開放的なものとして生き生きと浮かび上がる。

この陣内の熱量のベースにあるのは、一九六八年に世界中に沸き上がった若者たちの反乱であったことは間違いない。陣内は最近川本三郎との対談で言っている。

「当時、へそ曲がりというかシニカルだったこともあって、アメリカやイギリスなど光が当たっているところは面白くないなと。あまり注目されていない、だけど近代を乗り越えるのに何か大きな可能性がありそうなイタリアに興味を持ったのです。」（『東京人』二〇一九年九月号）

ヴェネツィアは「権力者や車のためにつくられたものでは決してない」と陣内は書く。「住民にとって生活しやすく、コミュニティとしてもまとまりやすい形態をとる地区が形成され、人間的尺度（ヒューマン・スケール）による広場、中庭、路地などの外部空間がさまざまな階層の住宅建築群を巧みに組織している。」

「車の侵入しない広場、路地は完全に人間のための空間となっている。近代的なスーパー・マーケットよりも人気を集める伝統的な露店市の立つ広場があり、そこにはまたカフェや居酒屋がテーブルを戸外にまで並べ、住民にとってのくつろぎと交流の場を提供している。」ゾーニングによって各地区の機能諸活動が分布することによって、「ヴェネツィアに複合的な都市の魅力が生み出されているのである。この町には近代の都市計画理論の再検討を促すような材料が随所に見出せるといっても過言ではない。」

実に見事に過不足なく近代都市計画の問題点がここに析出され、それに対する解答が具体的にヴェネツィアを手本として示されるのである。

ヴェネツィアは「島の形態や運河との関係を生かしつつ」「町を歩く楽しさ、広場でぽかーんとくつろぐ心地好さを十分に教えてくれる」。「水の上に浮かぶ多核都市」であるため、「ミラノやウィーンなどの一つの中心によって単純明快に統合されるヨーロッパの一般の都市とは異なり、生活の場である『部分』としての地区（教区）が都市の『全体』に従属することなく、個々の島が独立性の強い豊かな生活環境と複合的なコミュニティの性格をもっている。」

陣内の友人の言葉も印象的だ。

「夢の中では人間は決して論理的に考えているのではなく、むしろ筋道の明快でないイメージの連鎖として夢を見ていることが多い。そのほうが人間の本性に近いのではなかろうか。ヴェネツィアの町は」「それぞれの部分に意味が込められている。全体の構造よりも個々の場所の意味の方が、ここでは強い。」実際ヴェネツィアでは「階層による住み分けが見られず、各地区ごとに様々な階層が混在している」。もちろん貴族は眺めのよい邸宅に住み、庶民は路地裏の長屋風の家に住むが、同じ地区にあらゆる階層が混在しているのだという。

以上のように、陣内がヴェネツィアに見た思想（感覚・夢）は、以下のような価値軸によって貫かれている。

●権力→市民・住民
●全体→個人・部分・個々の場所
●統合→多核分散
●機能別・階層別ゾーニング→多機能・多階層の複合・混在

戦争機械としてつくられた近代国民国家は、戦争をせずに経済活動を中心に行っている時でも、本質的に全体主義的であり、国民の権力への統合を求め、市民の個人としての自由と多様性を嫌い、中央集権的となり、よってその都市もまた巨大で権威主義的になり、どこで誰が何をしているかを監視しやすくするために機能主義的になる。

一九六八年の世界の若者の反乱はこうした抑圧的な権力機構へのアンチテーゼであった。一九四七年生まれの陣内もまたその世界的潮流の中で青春を過ごし都市を研究していたわけであり、だから多様な個人の自由な活動がすべての基礎として位置づける都市を望むのは当然であった（本書9『人があつまる』、10『マチノロジー』参照）。

そこで陣内が注目するのが「カンポ」である。カンポ（campo）とは、「田畑」の意味であり、野菜畑や果樹園と一体となった舗装もされていない空き地である。島の住居の玄関は水路に面していたので、島の中のカンポは住民にとって「共同の裏庭的性格」をもっていた。政治・宗教の中心である唯一のピアッツァ（サン・マルコ広場）に対して、七〇以上あるカンポはヴェネツィア人の生活の中心となってゆき、「ごく身近な日常的広場として生き続けてきた」という。

カンポは歩行者用に張りめぐらされた無数の道（カッレ）の結節点の役割を果たした。大運河（カナル・グランデ）を中心とした、水に向かう表の顔に対して、道とカンポのネットワークによっ

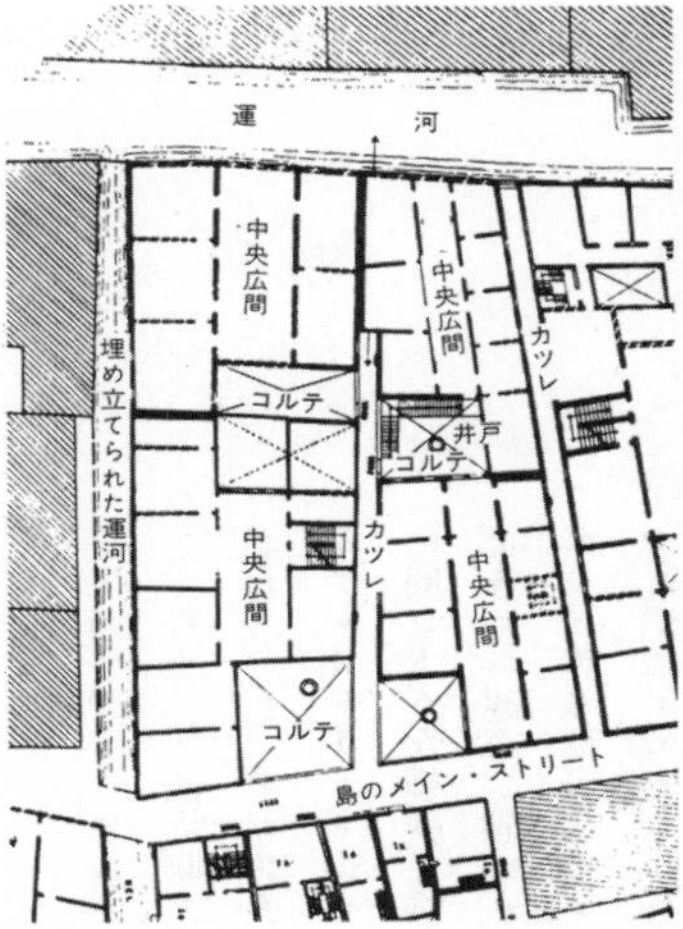

ヴェネツィア、サン・カチアーノ地区の住宅群。2階平面（出典：陣内秀信『ヴェネツィア』鹿島出版会）

ヴェネツィアの街路

て求心的な都市構造（高密度なコミュニティ）が形成されていった。

他方、商人貴族階級では、主人の住む主屋と、家族やサービス用の建物が「コルテ」という中庭を囲んで集合してつくられるようになった。コルテを囲んだ建築群が運河に沿っていくつも並ぶことによって「中心性のない〈ラビリンス〉のような地区構造」がつくられていく。

さらに一四世紀に入り、人口が急増すると、沼沢地の干拓が進み、新しい建築が進んで都市が高密度になっていく。そこで「私的生活」の充足と「公共生活」の確立のバランスをとる新しい市民生活のスタイルが生み出されていく。部分としての住宅と全体としての都市の公共空間を有機的に結びつけるライフスタイルである。


この本は一九八六年に出版され、その思想的基盤はおそらく六〇年代末からずっとあったものだと思われるが、にもかかわらず今でも全く古びない問題意識によって貫かれている。古びないということは現実はあいも変わらず近代都市計画中心だからで、だから古びないことが良いのか悪いのかは悩ましいところでもあるが。

それでも最近は、パブリックに対する新しいポジティブな考え方や活動が多数登場してきたし、行政も少しは重い腰を上げて多様性・柔軟性のある都市づくり・都市運営をするようになり始めたのは良いことだ。

しかし、少し斜《はす》に構えて言っておくと、パブリックというものが中央集権的・国民国家的に統合されていく危惧がないわけではない。あるいは、自由で多様な個人は自助努力のみが求められ、共助としてのパブリックが強調されて公助がおろそかにされる局面も増えてしまいそうな雰囲気もコロナ禍の今は強まっている。ヴェネツィアの市民たちは、そういう問題をどう考えてきたのだろう。

»

Book

ヴェネツィア——都市のコンテクストを読む
陣内秀信 著
鹿島出版会（一九八六）

Profile

陣内秀信　じんない・ひでのぶ
（一九四七〜）
建築史家、法政大学名誉教授。一九七一年、東京大学工学部建築学科卒業。七三年、イタリア政府給費留学生としてヴェネツィア建築大学に留学。ユネスコのローマ・センターでの研修を経て帰国。八三年、東京大学大学院工学系研究科博士課程修了。工学博士。東京大学助手などを経て九〇年、法政大学工学部建築学科教授（〜二〇一八）。専門はイタリア建築史・都市史。イタリアの歴史都市研究を応用し、東京を水の都としてとらえた『東京の空間人類学』（筑摩書房）にて、サントリー学芸賞受賞。二〇一九年、ARGAN賞受賞。建築史学会会長、地中海学会会長、都市史学会会長を歴任。
主な著作に、『迷宮都市ヴェネツィアを歩く』（角川書店）、『水都ヴェネツィア　その持続的発展の歴史』（法政大学出版局）、『水都東京　地形と歴史で読みとく下町・山の手・郊外』（ちくま新書）などがある。

8

ニューヨークにもあった考現学

ウィリアム・H.ホワイト

『都市という劇場 ──アメリカン・シティ・ライフの再発見』

この本は邦題が悪い。装丁も重々しい。実際の内容からするとタイトルは六章のタイトルである「街路の感性」とか「人が集まる街」といったほうがよかった。そういうもっと楽しそうな本なのだ。

原題は「CITY Rediscovering the center」。直訳すると「都市――都心の再発見」だ。が、この原題もよくない。堅苦しい専門書のように思えてしまう。

著者ウィリアム・H・ホワイトはもともとアメリカの経済誌『FORTUNE』の記者であり、一九五三年同誌に郊外生活に関するレポートを連載していた。これはシカゴの郊外に第二次世界大戦後につくられたパークフォレストという住宅地にホワイト自身が住み、そこで会社人間の夫とその家族を中心とする住民の暮らしぶりを観察、分析したもので、五六年に単行本『The Organization Man』として出版された。日本でも『組織のなかの人間』として邦訳された現代アメリカ社会学の古典の一冊である。

このようにホワイトは現場を観察・分析する人なのだ。『都市という劇場』も彼の観察と分析の本なのである。

ホワイトのもう一つの業績はジェイン・ジェイコブズを発掘したことである。市民活動家としてロバート・モーゼスによるニューヨークの再開発に反対していたジェイコブズは当時『FORTUNE』の姉妹誌であった建築雑誌『architectural forum』で図版のキャプションを書く

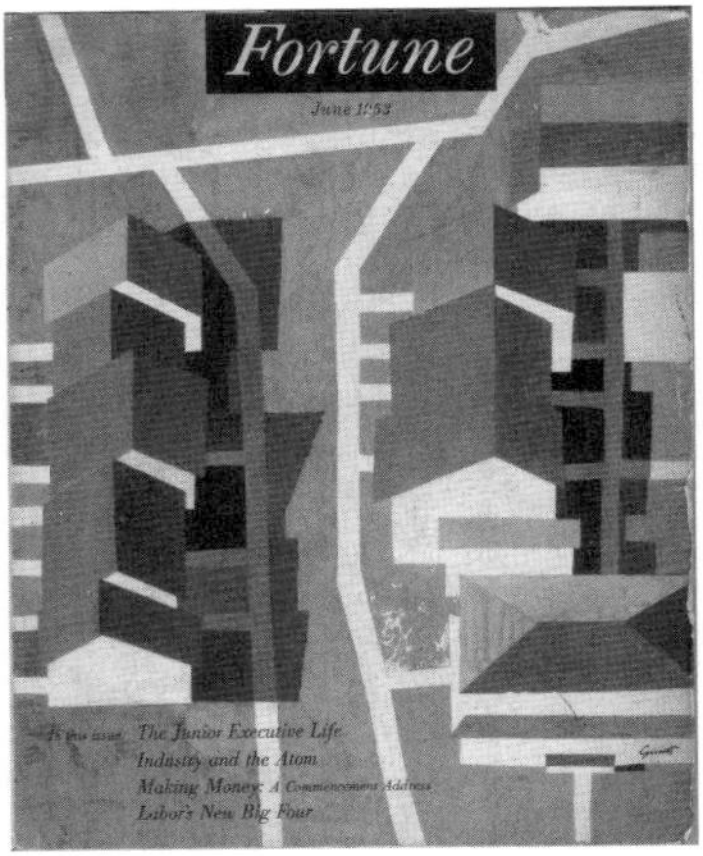

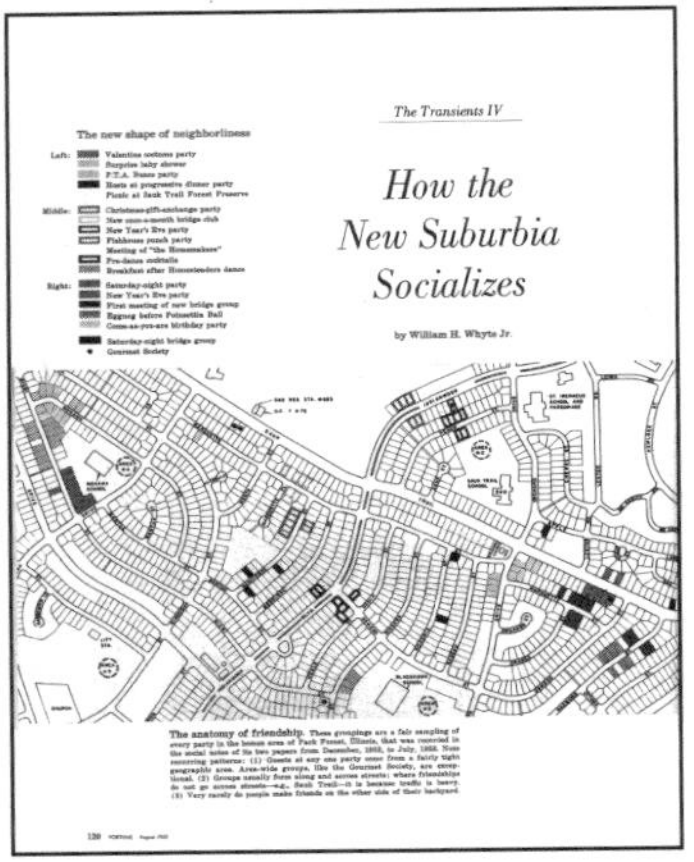

ウィリアム・H. ホワイトの「The Organization Man」連載時の『FORTUNE』。
ホワイトの記事に限らず、郊外市場に注目していた
(左:1953年6月号表紙、右:同年8月号の誌面)

仕事をしていた。ジェイコブスの発言の面白さを知っていたホワイトは、彼女は長い文章を書いたことはないし、女性だし、という同僚の反対を押しのけて、彼女こそが『爆発するメトロポリス』の巻末を飾る論文を書くにふさわしい人物だと彼女を抜擢したのである(ホワイト編『Exploding Metropolis』一九九三年版のホワイト序文)。こういうところからも、ホワイトが都市に暮らす人々の生態や感性に重きを置いていただろうことは想像がつく。だから『都市という劇場』の多くも、ホワイトの行った考現学なのである。

「興味があるのは、もっとずっと非実用的な」「基礎研究」であり、その「重要性はともかく、街角の日々の一番のおもしろさは、何といってもそこを舞台とする人々の間のやりとり」であるとホワイトは冒頭に書いている。

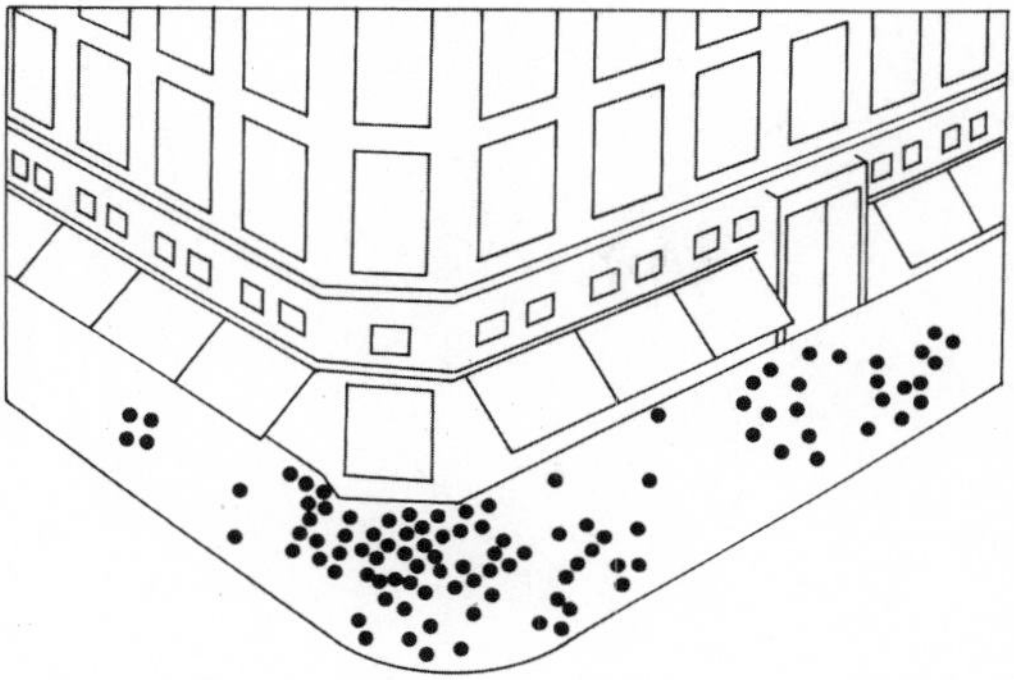

五番街50丁目のサックスフィフスアヴェニューのある角で観察された、2分以上続いた立ち話の位置。6月中の5日間の集計（出典：ウィリアム・H. ホワイト『都市という劇場』）

研究方法は「実地観察が私たちの研究の要である。」街を歩く人、立ち止まって会話をする人、腰かけて休憩する人、そういう都市における人々の様々な日常行動をホワイトは写真と動画で記録した。

たとえばこんな調査をホワイトはしている。ニューヨークの目ぬき通り五番街五〇丁目のサックスフィフスアヴェニューのある角で、人々が二分以上立ち話をしている場所をプロットしている。すると立ち話の場所は五七パーセントがサックスの入り口の前だった。いちばん混雑しているところで、わざわざ人々は立ち話をして、ますます混雑度を高めるのだ。そうした観察からホワイトは多くの仮説を導き出すが、「思いがけない人と出会ったとき」の人を観察するのが面白いともホワイトは書いている。

またこの本の主眼は小都市よりも大都市のほうが人々を社交的にするのではないかという点である。

「都市に必要なのは歩行者の混雑なのである。」しかしニューヨーク市当局は再開発によって人々を街路から追い出して、人工的なアトリウムや地下のコンコースなどに「押し込め」、「本物の街路をつまらないものにしている。」中小都市ほど「郊外のショッピングモールの悪影響を受けるため、その対抗策としてそれをまねてしまう」。「まねをすることは、自分で墓穴を掘るようなものだ。」それに対して「街路のすばらしさ。それは都市生活の河であり、ともに集う場所であり、」「これが本来の場所なのだ。」とホワイトは書いている。ホワイトは郊外批判者でもあったのだ。

ホワイトが郊外を批判するのは、その画一性のためである。ビジネスマンの夫と専業主婦の妻と子どもからなる典型的な核家族以外の人々――夫婦のみの世帯、未亡人、離婚者、独身者にとっては都市のほうがはるかに適しており、アーチストにとって郊外は地獄だとまで書いている（『爆発するメトロポリス』邦訳、四〇〜四一頁）。

そしてホワイトは場所の研究家でもある。邦訳はないが『The Social Life of Small Urban Spaces』という本も出している（ネットで英文のダウンロードも可能）。これは先述したニューヨークのストリートや広場の動画による撮影をもとにした分析である。動画はホワイトのナレーション入りでＤＶＤとして販売されている。

ついでに言うと、ここでSocial Lifeをどう訳すか。直訳すると「社会生活」。でもこれじゃ「個人生活」の反対で、家で自室にこもっている生活に対して、地域での活動やオフィスでの仕事という意味にとられそうだ。

このSocialは他者とのつながり、という意味である。二〇二〇年の流行語の一つ「Social distance」を「社会的距離」と訳したのも意味不明であって、これは人と人の距離という意味である。Socialは「社会的」ではなく「人と人の」あるいは「人と人のつながりについての」と訳すべきであり、だから「Social Life」は「人と人のつながり方」と訳したほうがよい。「Social Capital」も「社会関係資本」ではなく、「人が資源・資本として、人とのつながりをどれくらい持っているか」ということである。だからせめて「人間関係資本」と訳してほしい。

コロナにより「三密」回避が「新しい生活様式」とされてしまったし、まさにニューヨークではとてもひどい感染があった。混雑や密度を避ける風潮は当分続くだろう。少なくともかつての密度は戻るまい。アメリカでは郊外住宅の需要が増え、東京でも都心の人口が少し減り、郊外や地方での暮らしが再評価されつつある。

だがそれは人々がSocial Lifeを避けて個人生活に閉じこもることであってはならない。郊外で適度な密度を楽しむための人と人とのつながり方が模索され、そう時間もかからずに郊外各地で新しいつながり方が生まれるだろう。それこそが本当の「新しい生活様式」である。

Book

都市という劇場
——アメリカン・シティ・ライフの再発見

ウィリアム・H・ホワイト 著
柿本照夫 訳
日本経済新聞社（一九九四）

Profile

ウィリアム・H・ホワイト
William H. Whyte
（一九一七〜九九）

アメリカの都市研究者、ジャーナリスト。一九四六〜五八年、経済雑誌『FORTUNE』記者。増大するホワイトカラー、会社人間について研究するためにシカゴ郊外の住宅地パークフォレストに住み、同誌に「The Organization Man」を連載、五六年、単行本として出版し二〇〇万部以上のベストセラーとなる（邦訳：『組織のなかの人間』東京創元社）。五八年、FORTUNE誌に「アーバン・スプロール」という記事を書き、無秩序な郊外化を批判。六九年、ニューヨーク市計画委員となり、都市環境での人間行動を直接観察・記録・分析。またジェイン・ジェイコブスを発掘したことでも知られる（『爆発するメトロポリス』）。関連文献に挙げた彼の著書はどれも、今読んでも有意義である。

関連文献

ウィリアム・H・ホワイト『組織のなかの人間（上・下）』岡部慶三・藤永保訳（上）、辻村明・佐田一彦訳（下）、東京創元社、一九五九

ウィリアム・H・ホワイト『爆発するメトロポリス』小島将志訳、鹿島出版会、一九七三

ウィリアム・H・ホワイト『都市とオープンスペース』華山謙訳、鹿島出版会、一九七一

William H. Whyte, *The Social Life of Small Urban Spaces*, Project for Public Spaces, 1980 / DVD, Direct Cinema, 1988.

19

都市における女子的なもの

藤森照信 文・増田彰久 写真『看板建築』

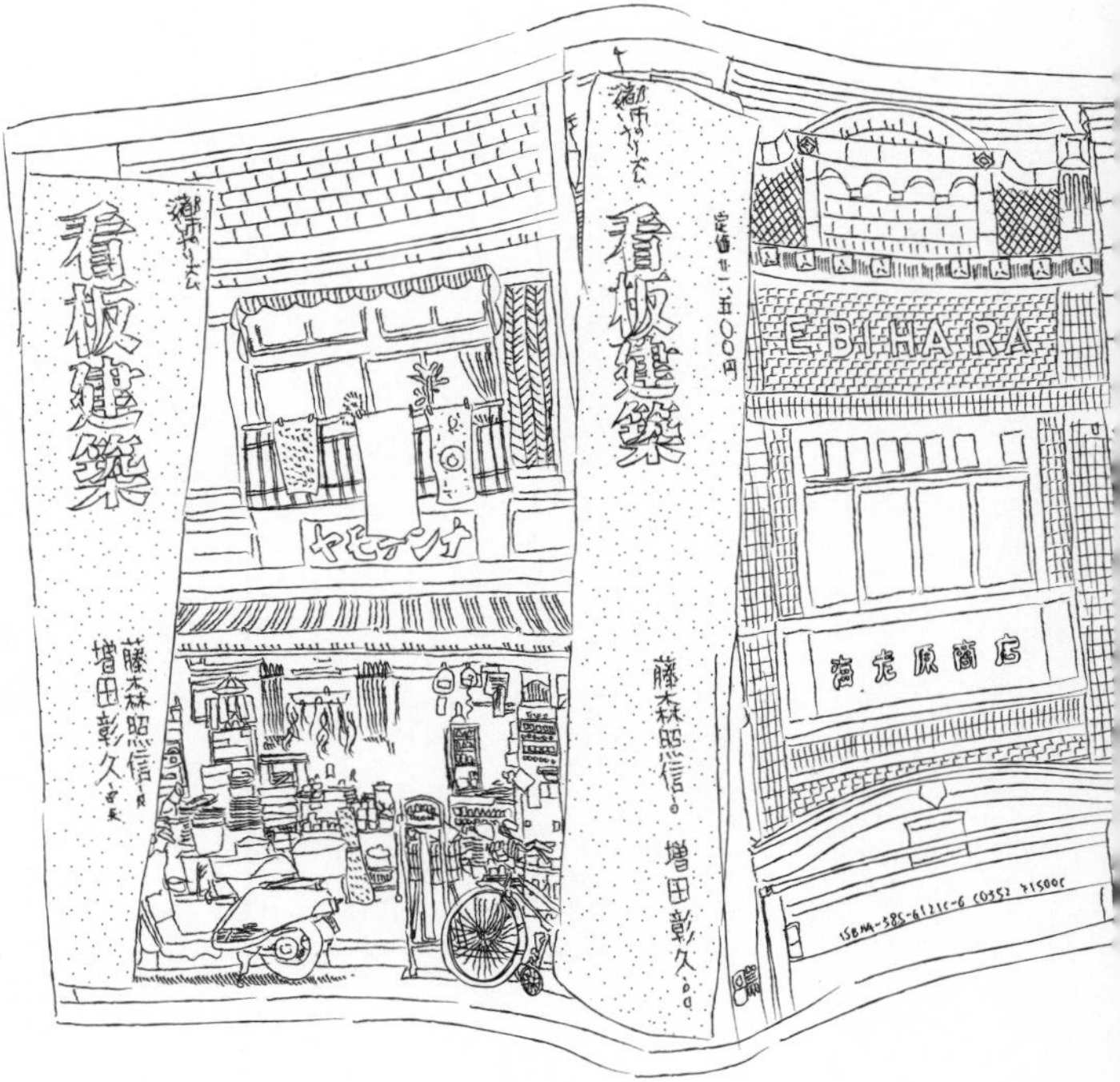

看板建築なくして東京の町は語れない。東京にいると当たり前のように見過ごしていたこの商店建築様式は、他の都市ではあまり見かけないものであると藤森も書いている。大ヒット曲「神田川」が歌うように、高円寺あたりの安下宿に住む若者が「横町の風呂屋」から上がってきたときにごく自然に目に入ったのが、この看板建築だった。

だった、というのはもちろん、さすがに今となってはこの看板建築もだいぶ減ってきた。たまに見かけると、おー、まだ残っていたかと思うほどである。バブルの頃は看板建築にダンプカーが突っ込んで地上げをしたこともあり、この四半世紀で相当減ったのである。

言うまでもなく看板建築は藤森照信の造語である。アールヌーヴォー風やアールデコ風やギリシャ風やセセッション風といった様々な意匠のファサードを持つ木造二階建てを基本とする商店をそう名づけたのだ。「看板」というのは、看板を掲げた建築ではなく、そのファサードが切妻の木造建築本体を隠す看板のように平面的だからである。まるで西洋の彫刻のように見えるようにコテでモルタルを塗って天使やライオンの形をつくり出す職人技にはしばしば驚かされる。

今やこうした商店街の看板建築は壊されて、ごく普通のコンクリートのビルか「Hハウス」とか「Pホーム」などの白っぽい四角いプレハブの建物に建て替えられつつある。3・11の大震災の後、その動きが加速された。

ただし、古い看板建築の、もともとは下駄屋か布団屋だったような商店が店じまいし、そのあとに若者向けの古着屋や雑貨屋やカフェができると、どういうわけかサマになる。なのに、四角いプレハブだと、そこに古着屋や雑貨屋やカフェが入居しても、何だか面白そうに見えないのである。プレハブよりも、まだコンクリート打ちっ放しのほうがよい。でも、打ちっ放しだと、中に入る店を選ぶ。やはりそれなりにスタイリッシュでないとハマらない。

だが元看板建築の商店だと、うまくリノベーションすることで、スタイリッシュな美容室が入ってもサマになるし、もちろんゆるい雰囲気のカフェやレストランが入っても実にしっくり来るのである。これはとても不思議。

パリなどヨーロッパの都市でも、石造の何百年も前から建っている建物に高級ブランドのブティックが入っても、安い中古家具屋や古本屋が入っても、とてもイイ感じになる。京都の町家もそうである。

が、HハウスやPホームだと、どうにもうまく馴染まない。これはプレハブ商店の四角い形が悪いのか、色が悪いのか、何なのだろう。最近のあまりに高性能なサッシだと、ゆるい雰囲気が出ないし、白っぽくて清潔すぎる外壁は陰がなく明るく輝くので、建物のほうが目立ってしまい、店を引き立ててくれない。

他方、藤森も取り上げている高円寺の西村屋書店の銅ぶき看板建築は、数年前からまちづくり関係の事務所が入っているが、こういう事務所というものとも看板建築はあまりソリがよくないように見える。やはり店がよいのだ。もちろん建築事務所だったらうまく行く可能性が高いのだが、これはどんなセンスの建築事務所かにもよる。

あ、そうか、つまり、カフェや雑貨屋や美容室が古い看板建築に入ってもサマになるのは、そもそもそれらの店の店主が、あえてこの古い建築が気に入って入居しているからで、かつ建築に合うように自分の店のファサードもインテリアも家具も照明もデザインしている、ということが多いからであろう。

だからファストフードやコンビニのように全国数万店舗が皆同じデザインである場合は、古い看板建築に入居しても、どうもピンと来ない（そもそも入居した例がなさそうだが）。建築に合わせて自分の店のデザインを変えることがないからだ。

さて、藤森は看板建築が関東大震災後からの復興期である昭和三年（一九二八）から増加したとしており、そのデザインの担い手の特徴として、建築家ではなく大工の棟梁や絵描きが関与した、あるいは素人である施主自身が関与したことすらあることを挙げている。

看板のように平面的なものに意匠を施すので素人でもデザインしやすかったというのだ。そのため看板建築は「デザインが勝手気ままだった」と藤森は言う。「それまでの蔵造や出桁造は「おおよそ似たような外観をしていた。」「職人として親から習ったことを脈々と伝えてきたの

高円寺西村屋書店。隣は靴屋

だから、誰が手がけても、」「一つの型」「一つの様式」に納まった。

ところが看板建築にはそういう「型」「スタイル」はない。「みんな、自分の思い思いのデザインをしている。」それは西洋建築が日本に導入され、「建築家が個人の表現をする」という思想は普及し、その「個性化」という思想が次第に偉い建築家から大工へ、一般人へとトリクルダウンした。それが、看板建築を生んだというのである。

一方、看板建築には西洋的な意匠だけでなく、江戸趣味も入り込んだ。戸袋などに江戸小紋の伝統的デザインが使われた。「看板建築は、洋風デザインをベースにしながら、しかし洋風だけでは満たされない下町の商店主や職人たちの心の底にたまる江戸の記憶を呼びさまし、形を与えた」と藤森は言う。

西洋的なものをベースにしながら江戸趣味を加えるという態度は、考えてみると二一世紀の我々の態度でもある。和食ブームといいつつ米や魚の消費は減り、朝はパン、昼はパスタ、夜はインド料理を食べるような暮らしである。米は白米ではなくリゾットになり、魚は刺身ではなくカルパッチョになる。もちろん着物は正月に着る人がいるくらいで、あとは若い女性が花火大会に浴衣を着ていくくらいである。

つまり生活様式はすっかり西洋化しているのに、むしろだからこそ、和風なものが求められるのだ。今や何をどう料理して食べようと自由である、本格的フレンチやイタリアンでなくても、中華でもエスニックでもいろいろごったまぜで自由に料理をつくる。その自由がむしろ「和風」であると言われたりもする。そういう意味では、看板建築は、ほぼ百年前の流行であるのに、現代の我々の暮らし方を先取りしたとも言える。

あえて言えば看板建築は「女子的」であり、「カワイイ」のだ。ファッション的だとも言える。事実藤森も「東京は看板建築の誕生によって、近代という名の〈消費の時代〉へ、街ぐるみ突入した」と書いている。男性的、工業的な造形だけが近代化を担ったのではなく、女子的、商業的な造形が特に都市に繁華をもたらす力となったのである。

だからか、女子の好きなスターバックスコーヒーだと、チェーン店なのにたまに古い建築に入居して、それなりにサマになっている。ファサードも店内もチェーン店らしからぬものに変えてしまうこともある。それによって、まあ味のほうはお世辞にも美味いとはいえないスタバが、何となく店全体の雰囲気の良さで人気を得るわけだ。

こういうスタバの手法は他のチェーン店ももう少し学んでくれたほうがよい。そうすれば今や絶滅危惧種の看板建築を取り壊さなくても新しいビジネスができる。まあ、消防とか水回りとかいろいろ大変だとは思うが、ビルやプレハブに建て替えるよりずっと街の雰囲気を壊さないし、街の記憶をとどめてくれる。

藤森は建築の定義の一つとして「懐かしさ」を挙げている（『フジモリ式建築入門』）。いつも変わらずそこにあることが建築の本質の一つだというのだ。

だから、スクラップアンドビルドを頻繁に繰り返す東京のような都市は、本当は建築にとっ

浦和で見つけた看板建築

キラキラ橘商店街（墨田区京島）の新生「ハト屋パン店」。内部はリノベされている

て不幸な場所だということになる。建築だけでなくそこに生きる人間にとって不幸なのである。

そういえば、正確には看板建築ではないが、墨田区のキラキラ橘という昭和の商店街にあった古いパン屋さんを、ある女性が気に入ってしまい、パン屋さんが廃業すると店を買い取って、一階はまた新しくパン屋さんをテナントに入れ、二階は賃貸住宅として貸し出したという事例を最近知った。良いことである。

それから、ちょっと蛇足だが、看板建築がすでに絶滅危惧種となっている今、次なる懐かしい建築として私は高度経済成長期に造られた中小のビルがあると思う。ビルといっても霞が関ビルのような有名なビルではなく、近代建築とも言われないようなビルである。だいたいどんな駅前にも必ず二つや三つはある、五階建てくらいで、エレベーターもないようなオフィスビルかマンションで、今はしばしば雑居ビルになっているようなビルである。

私はこれらのビルの中でも特にデザインが奇抜なものを「ヤバいビル」と名づけて本をつくったことがあるが、実はこのヤバいビルが、看板建築の戦後版というか、高度経済成長期版ではないかと考えている。

看板建築では木造商店を隠す平面の板が洋風なデザインを施していたわけだが、戦後のヤバいビルでは、鉄筋コンクリートだから看板ではもちろんない。堂々とコンクリートで奇抜なデザインを施す。戦後だから基本はモダニズムで、バウハウス風やコルビュジエ風やミース風などがある。設計したのは基本的に街の工務店や小規模ゼネコンの設計部だと思うが、よく調べてみると、コルビュジエの孫弟子とか早稲田の建築学教授が関わっているものもある。看板建築に比べれば少しは設計資料なども残っているかと思うので、誰かヤバいビルを研究してくれないだろうか。

Book

看板建築

藤森照信 文、増田彰久 写真

三省堂

（一九八八／新版 一九九九）

Profile

藤森照信 ふじもり・てるのぶ

（一九四六〜）

建築史家、建築家、東京大学名誉教授。一九七一年、東北大学工学部建築学科卒業。七八年、東京大学大学院建築学専攻博士課程修了。専門は近代建築、都市計画史。八三年、『明治の東京計画』（岩波書店）にて毎日出版文化賞受賞。八六年、赤瀬川原平、南伸坊らと「路上観察学会」を結成。九六年、東京大学教授（〜二〇一〇）。九一年、「神長官守矢史料館」を設計し建築家としてデビュー。その後、自然素材や植物を用いた建築作品を数多く手掛け、「熊本県立農業大学校学生寮」（二〇〇〇）にて、日本建築学会賞（作品）受賞。二〇一六年、江戸東京博物館館長。

主な著書に、『日本の近代建築』（岩波新書）、『建築探偵の冒険・東京篇』（サントリー学芸賞、ちくま文庫）、『藤森照信建築』（TOTO出版）などがある。

増田彰久 ますだ・あきひさ

（一九三九〜）

写真家。日本大学芸術学部写真学科卒業後、大成建設勤務。PR誌や社内報の編集長を務める一方、戦前に建てられた日本の西洋館を撮り続け評価を得る。定年退職後、増田彰久写真事務所主宰。日本写真協会賞年度賞、伊奈信男賞、日本建築学会文化賞などを受賞。主な著書に、『英国貴族の城館』（河出書房新社）、『写真な建築』（白揚社）、『建築のハノイ——ベトナムに誕生したパリ』（共著、白揚社）などがある。

関連文献

藤森照信『フジモリ式建築入門』ちくまプリマー新書、二〇一一

三浦展『ヤバいビル』朝日新聞出版、二〇一八

20

«

輝かない都市

西井一夫 文・平嶋彰彦 写真

『昭和二十年東京地図』

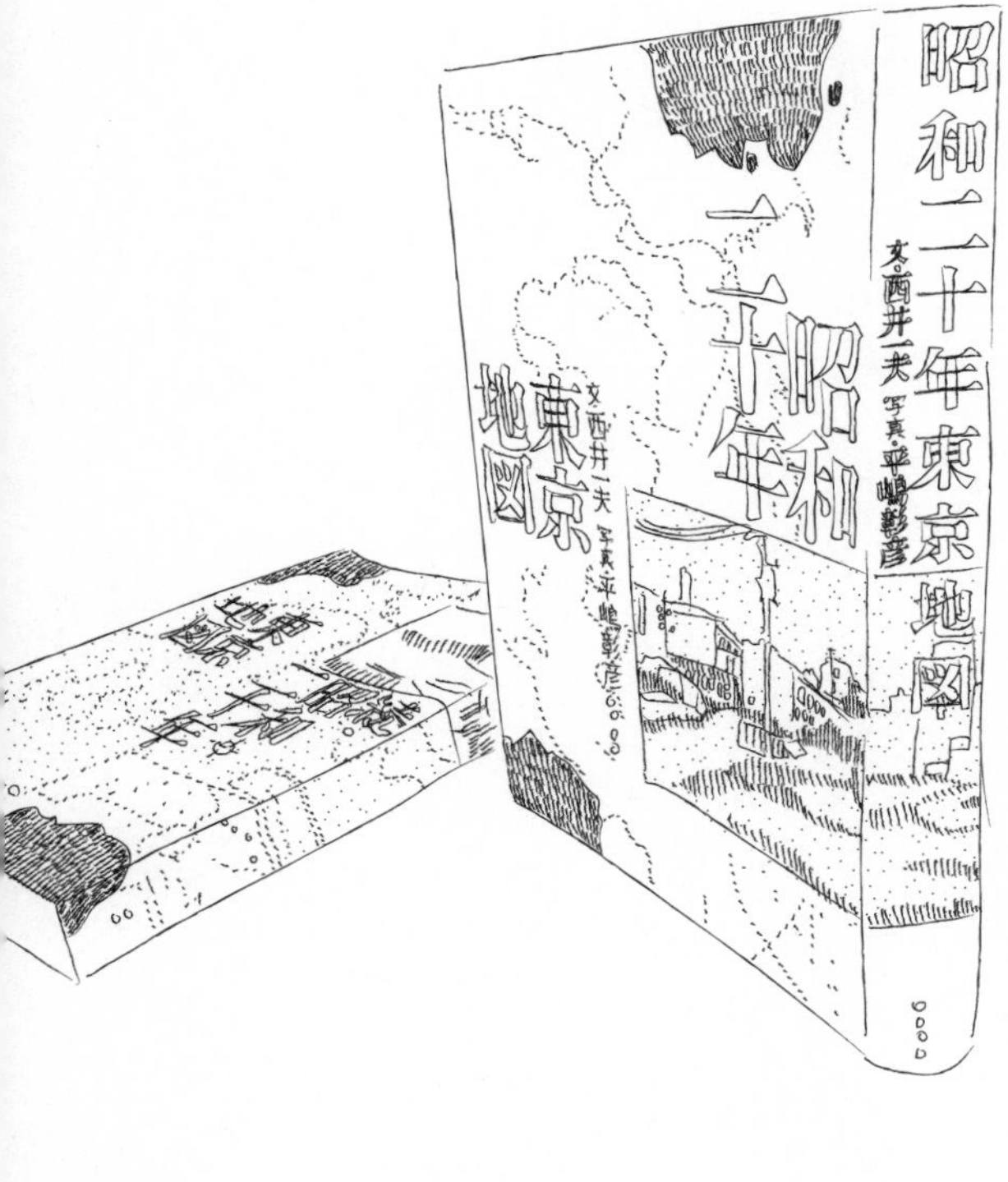

白さに憧れた時代があった。一九七〇年ごろだ。「白いギター」「白いブランコ」といったヒット曲がそれを表している。白い家具、白木の家具もはやって、おそらくその流れが無印良品を生んだ。「白」は染まらないこと、若く純粋であること、汚れのないことを意味し、さらには大勢に流されないことやシンプルであることも意味していたかもしれない。「演歌」ではない「怨歌」だと言われた藤圭子ですら、白いギターを抱えて歌った。これは彼女が反抗の時代の象徴でもあったからだろう。

白の反対は黒だが、茶色でもある。すべての色を混ぜると茶色になるように、茶色は毎日のすべての暮らし、苦労、疲れ、仕事、労働などなどが混ざり合った結果、嫌でもにじみ出てくる色である。雑布は汚れて茶色くなり、ドブ川の水は茶色であり、もちろん泥は茶色い。白木の板も年月を経れば煮しめたように茶色くなる。人間の肌も毎日外で働くと茶色くなる。

茶色は老化、劣化、混濁の象徴であり、それは「輝く都市」の対極である。

西新宿淀橋浄水場再開発第一号として建った白く輝く京王プラザホテルは、宿場町新宿東口の茶色い風景に対するアンチテーゼであった。それは淀んだ風景を一新するものだった。しかし、大勢に流されない白ではなく、大勢の求める白であった（あるいは米軍ハウスの白い外観が白を求める心理の深層にあったかもしれない）。

その時望月照彦は「おかしなものができはじめた」「新宿が変わってしまった」と思った（『マ

チノロジー』)。濁った都市が輝くことへの違和感。一九七〇年代にそういう違和感を持った人は必ずしも多くなかったかもしれない。多くの人々は新しい真っ白い輝く未来を高層ビルに感じていた。その違和感が比較的多くの人々に共有され始めたのは一九八〇年代後半のバブル時代ではなかったか。あまりにも多くの「昭和」の建物が、地上げによって跡形もなく破壊され始めたからである。そしてその破壊の次に来る創造に、人々はさらなる未来、さらなる豊かさ、さらなる発展があることを信じられなくなっていたからである。

新潟県上越市、豪雪地帯として知られたかつての高田の出身である私は、大学時代、信越線に乗って五時間ほどかけてやっと東京まで辿り着いたのだが、電車が浦和を過ぎ川口を経て赤羽に至るまでの車窓風景を見るのが嫌だった。高度成長期が終わっていたからか、電車からは、工場や倉庫の赤く錆びたトタン板の屋根や壁が延々と連なるのが見えた。その錆びて朽ち果てそうな風景を見て、さあ、東京で頑張るぞという気持ちにはなれず、むしろ大学生活の暗く退屈で出口のない気分を助長した。

大学三年の時か、ゼミ旅行で箱根あたりに行き、帰りに小田原から東海道新幹線に乗り、品川あたりに近づいたときは、まさに白く光り輝く東京に近づいていく感じがして、川口から赤羽方面との歴然とした違いに打ちのめされた。

松田聖子とディズニーランドに象徴される明るく軽やかな一九八〇年代の文化の予兆が感じ

られ始めていた学生の私には——そういう新しい時代の到来に反発していた私ですら——やはり、赤く錆びた工場街を愛しむ気持ちは少しもなかった。

中央線に乗り換えて、新宿を過ぎると、西新宿にはまだ三、四本の超高層ビルしかなく、さらに中野を過ぎると目の前には茶色い海が広がっていた。東京はコンクリートジャングルだと聞いていたのに、茶色い木造の下見板張りの住宅、安アパート、商店が、地平線の彼方まで埋め尽くしていたのだ。煮しめたように茶色い家と、赤く錆びた工場や倉庫。これが私の東京の原風景である。それはひとことで言えば貧乏な感じを与えた。そしてもちろん私自身も、貧乏な学生の一人として、木造の四畳半のトイレ共同・風呂なしのアパートに帰っていったのだ。

テレビアニメの『あたしンち』だったか忘れたが、弁当が茶色っぽくて嫌だといって娘が母親に文句を言うというエピソードがあった。煮物でも炒めた肉でも、茶色であり、どことなく見栄えが悪い。地味で、つまり貧乏くさいのだ。玉子焼きの黄色とかミニトマトの赤とかブロッコリーの緑とかでカラフルでないと嫌だ、という時代にいつからかなった。

おそらくその変化は一九八〇年代に起こったように思う。茶色が嫌がられる時代。

ところが同じ八〇年代に、未来が銀色に輝く時代から、茶色く混濁する時代がかっこよく見え始めた。それは映画『ブレードランナー』を見てからだ、ということは別の本でも書いた（拙著『新東京風景論』）。つくば科学博などといっても人々の心がときめかなくなっていた。チェルノブイリ原発事故によって「科学の子」である鉄腕アトムの時代は去った。『ブレードランナー』も『ターミネーター』も『エイリアン』も、その描く未来は夜であり、宇宙船の暗い密室であり、酸性雨の降る闇市であった。科学は進歩し人造人間が活動しているが、人間は幸福ではなかった。真鍋博の未来像とは正反対の未来がそこにあった。

こうして未来が茶色く、暗く混濁したとき、過去の茶色い世界が逆に嬉しく、味わい深く、愛しいものとして立ち現れてきた。

『じゃりン子チエ』が一九八〇年度小学館漫画賞を受賞し、八一年度の同賞は『三丁目の夕日』だった。『チエ』は八一年にアニメ映画化された。いわゆる「昭和ノスタルジー」が始まっていた。砂糖菓子のように甘く夢のような松田聖子とディズニーランドの時代と昭和ノスタルジーの時代が併存し始めたのだ。しかしいずれの時代も「科学の子」を信じていなかった。パソコンやテレビゲームが普及しても、科学は未来を明るく照らし出すものにはならなかった。テレビゲームがどんなに進化しても、そのコンテンツは古代的な戦争物語や神話的な世界をますます描くようになった。

一九八六年八、、、月一、、、五日、、、に『昭和二十年東京地図』は出た。

発行日が八月一五日であることに意味があって、もちろん敗戦の日を境にして戦前と戦後が分かれるからである。そしてこの本はその境界を越えて存在し続けたもの、越えはしたが壊さ

1946年刊行『コンサイス東京都35区区分地図帖』の復刻版（日地出版、1985）

れたものなど、戦前と戦後の断絶と連続の断片を捜し歩き写真に収め、文章にした。

著者がそのとき携行した資料は昭和二一年刊の『コンサイス東京都35区区分地図帖』である。私もこの復刻版を片手に東京中を歩き回ったことがある。カラー印刷だが古いものなので色の褪せ方や活字のにじみ具合が何ともレトロで、時間を超えて街を感じられるような気分になれる。

それにしても著者の二人はよく各地を回っただけでなく資料的にもよく調べている。さすが昔気質の新聞記者だなと感ずる。この本には続編もあって、正編が東京の西側は環状七号線まで、東側は荒川までの地域を扱っているが、続編は八王子など三多摩と荒川をこえた数カ所に足を延ばしている。近年の闇市、横丁、花街、赤線・青線に関する出版ブームの中で取り扱われる地域はほぼ網羅されているか、もしかするとそれ以上である。この二冊に匹敵するのは『首都圏住みたくない街』（二四一頁）くらいであろう。

左:北千住三丁目の洋品店　右:京成立石駅前の呑んべ横丁

写真も素晴らしい。見ると、八六年ってこんなに昔だったのかと感慨深くなる。浅草橋の駅は、すれ違う線路の間に鉄骨がアーチ状に組まれていて、戦前の東京というよりパリのようだ。山谷のアーケード商店街の銭湯、廿世紀湯は堂々としてまだ健在である。文京区白山の花街は今の神楽坂より余程神楽坂のようになまめかしい。下宿屋の本郷館はもちろん、森本厚吉によるお茶の水アパートや神保町の東洋キネマですら健在である。私が昔毎晩のように上司に連れられて行った宇田川町のバー門はまさに同時代の姿で撮られているが、こんなに焼け跡みたいな雰囲気だったか。

三五年間でこの変化であるから、下町風情、江戸情緒、昭和の記憶などというものはもはや東京ではあと一〇年でほぼ完全に消滅するであろう。

またこの本を見ていて驚いたのは、私が撮ったのと同じ構図の写真が二枚あったことだ。一枚は立石の

「呑んべ横丁」と、もう一枚は北千住の旧日光街道（現・宿場町通り）にある婦人洋品店である（前頁の写真）。私が撮ったのは二〇一一年なので一五年の開きがあるが、二カ所ともほとんどまったくと言ってよいほど変わっていない。

だがそうした「変わらない」風景は例外的であって、東京には、いや日本中に、宿場町、門前町、それに伴う遊郭、職人町、工場街、市場街、あるいは貧民街などなどが多様に存在し、それぞれの色と臭いと味を持っていたのが、だんだんとそれらが単純に「昭和」「商店街」「下町」などとくくられて一緒くたにされ、さらに商店街も下町も廃れて、スーパーマーケットやショッピングセンターに変わり、飲み屋はカフェやネイルサロンに変わって、工場・倉庫跡にはマンションが建って、結果どんな街も同じような街になってしまいつつある、ということがよくわかる。

中流化の最終形ということであろう。「一億総中流」ではない、「格差」だ、「下流化」だと言われても、多数派は「中の下」も含めた中流であり、その下流化した中流が最低限ユニクロを着て、軽自動車に乗って、スマホをいじくり回して、パッと見こぎれいな家に住めるところにまでついに到達したというのが二一世紀初頭の状況であろう。赤く錆びた工場も、煮しめたような茶色い家もなくなり、「輝く都市」が広がっていく。

Book

昭和二十年東京地図
西井一夫文、平嶋彰彦 写真
筑摩書房（一九八六）

続・昭和二十年東京地図——周縁のこと
筑摩書房（一九八七）

Profile

西井一夫　にしい・かずお
（一九四六〜二〇〇一）
写真評論家、編集者。一九六八年、慶應義塾大学経済学部卒業。六九年、毎日新聞社出版局入社。『サンデー毎日』『毎日グラフ』を経て『カメラ毎日』編集部所属。八三年から八五年の休刊まで同誌編集長。八八年、丹野清和らとともに「写真の会」を結成し「写真の会賞」を主催。九六年、毎日新聞社出版局クロニクル編集長。『昭和史全記録』『戦後50年』『詳細阪神大震災』などを手掛ける。『20世紀の記憶』全二〇巻を立ち上げ、二〇〇〇年一二月、同シリーズの完結後に選択定年退職。主な著書に『暗闇のレッスン』（みすず書房）、『なぜ未だ「プロヴォーク」か——森山大道、中平卓馬、荒木経惟の登場』（青弓社）、『DISTANCE——映画をめぐる断章』（影書房）などがある。

平嶋彰彦　ひらしま・あきひこ
（一九四六〜）
写真家。一九六九年、早稲田大学政治経済学部卒業後、毎日新聞社入社。西部本社写真課、東京本社出版写真部にて雑誌の写真取材を担当。同期の西井一夫とともに『毎日グラフ』で連載した「昭和二十年東京地図」は八六年に単行本として筑摩書房から刊行。二〇〇〇年代以降、『宮本常一 写真・日記集成』（第一七回写真の会賞受賞）、〇九年に毎日新聞社を退社後、『私的昭和史 桑原甲子雄写真集』（上下巻、毎日新聞社）などの編集を手掛けている。

関連文献

『コンサイス東京都35区区分地図帖』日本地図、一九四六／復刻版、東京空襲を記録する会編、日地出版、一九八五

21

«

庶民のための
ユートピア

佐藤 滋『集合住宅団地の変遷
——東京の公共住宅とまちつくり』

私が東京散歩を始めたのは二〇〇〇年のことである。旧知の編集者が新書を一冊書いてくれと来訪し、自分の気になる街を歩いて何かを書くことになったのだ。

当時は今ほど散歩本はなく、あるとしても神社、仏閣をめぐり歩いたものが多く、でなければ単なる食べ歩き本であった。私が神社、仏閣を紹介してもしょうがないので、私なりの視点をどうするか考えたとき、思いついたのが同潤会を見てまわることと、今和次郎の『新版大東京案内』が取り上げている街をまわってみるということだった。

『アッジェのパリ』の章でも書いたように、私はあるとき同潤会のとりこになったのだが、私の仕事は同潤会を調べたりするようなこととは無縁であったので、とても行ってみたいのに行く機会をずっと逸していた。だからこれを機会に同潤会を見てまわろうと思ったのだ。

今和次郎のほうも、パルコ在職中から部分的に愛読していたものの、三菱総研在職中は街とは無縁の仕事をしていたので、彼が取り上げた本所、深川とか阿佐ヶ谷の住宅地などには行ったことがなかった。そこでこれらの地も訪ねてみようと考えたのである。

またこれら二冊をテキストとすることによって昭和初期に出来た東京の今を訪ねるという意味もあった。それは地理的には東京二三区の外縁部を訪ねることでもあった。世田谷、杉並、荏原《えばら》、清澄、砂町、赤羽、十条、尾久などである。

今からすると意外だが、二〇〇〇年当時の散歩本は浅草、日本橋、銀座、谷根千《やねせん》、本郷という旧都心部が中心であり、山手線の外側を大きくはみ出すことは稀だったのだ。

同潤会めぐりのテキストになったのが佐藤滋の『集合住宅団地の変遷』であった。この本を読むまで私は同潤会が代官山や青山などにアパートを造った以外に木造の戸建てや共同住宅を造っていたことを知らなかった。

当時は吉祥寺に自宅も仕事場もあったが、隣町とも言える西荻窪に同潤会の普通住宅地があると知り、さっそく行ってみた。それまでも何度も行ったことのあるアンティーク屋の多い地域のすぐ近くであった。実にほっとするような、懐かしいような風景がそこにあった。

佐藤は特にこの西荻窪の普通住宅地を好んでいるが、私もとても好きである。小さな公園があったり、中心部には酒屋や町会の集会所が十字路に集まった「街角広場」があり、独自の界隈性を醸し出していた（広場は金沢の城下町などに見られる「広見」という空間に似ていると佐藤は言う。一八六頁左上写真）。

ところで普通住宅とは何か。佐藤によれば「大正末期から昭和前期に公共住宅として一般に用いられた長屋形式の集合住宅の呼称である。普通住宅という名称は今日からみると奇妙に思えるが、」同潤会の他の住宅である「仮住宅、木骨モルタル住宅、鉄筋コンクリートの共同住宅と区別するために用いられた用語である」。「いわば庶民の住宅として、このような長屋形式の住宅は、当時としては『普通』の居住様式であったのであろう。」

「この住宅地で用いられた住棟形式は重建《かさねだて》形式という特有の住棟形式を含む二戸建から六戸建

の木造長屋で、いわば最低の居住水準を何とか実現する程度のものであった」。「その建築形式はすべて集合住宅であり、独立住宅に近い内容を持つ二戸連続形式、四戸建と六戸建の普通長屋形式、同潤会普通住宅に独特な四戸重建形式、商店向けの土間を持った二階建普通長屋形式の四種で構成されていた。」

簡単に言うと長屋だが二階建てであり、今風に言うとメゾネットだが、現在のメゾネットが同じ間取りで壁を共有して横に並んでいるのに対して、普通住宅の間取りは、図面を見たり現存するものを外から見る限りでは、世帯ごとに少し違っており、横に並んでいるとも限らなかったようである。

私は普通住宅地が気に入り、西荻窪以外に、赤羽、砂町、尾久も何度も訪ねた。あまりに気に入ったので、これまで二〇年ほど、友人・知人を案内して何度もそれらの普通住宅地に出かけてきたほどである。

赤羽も砂町も街路が曲がりながら扇状の街区を形成しており、それが少し西洋風である。しかし建物は木造で、もちろん七〇年の歳月により劣化しており、西洋風との対比がまた不思議な味わいを出していた（現在は建て替えられたり新築そっくりさん的に改修されているので、昔を偲ばせる住宅は減ったが）。

赤羽は丘の上の自然地形をうまく生かしており、街路の心地良さもそのことに起因していよ

2000年ごろの同潤会西荻窪（左上）と赤羽の普通住宅。多様な住戸形式と公園、商店、広場などからなっていた

う。砂町は戦争で完全に消失したが、基本街路はそのままで建て直されたので、二〇〇〇年頃に見たかぎりではまるで戦前からあるように見えた。

普通住宅のどこが魅力なのか。佐藤は書いている。

「かつて、震災で焼かれる以前にあった、下町の路地を中心とし、長屋がそれを取り囲む相互扶助と強い連帯を基礎とした地域社会は、貧しいながらも都市の庶民生活の原型とも言える姿であった。

当時の海外の雑誌などで紹介されていた様々な住宅地設計の考え方や技術を取り入れながらも、破壊され尽くした東京の郊外に、暖かい庶民の生活像と地域社会を、新しい空間設計の技術を駆使してつくり上げられたのが、同潤会の普通住宅地であったと言えよう。」

「新しく郊外につくられる住宅地での、すなわち田園郊外における明快な生活のイメージが思い描かれ、それを支える空間のイメージがデザインされ、そしてさらにそのような生活と空間が生み出す社会の姿が構想され、これらが一つの計画の理念と空間計画の原理にまとめ上げられている。すなわち、ある目指すべき生活像と社会像が描かれ、それらを生み出すべく空間がデザインされていたのである。」

空間計画が生活像と、さらに社会像を描いていたというところがとても重要だ。佐藤は西荻窪の普通住宅地の中に先述した「街角広場を見つけた時、ニューヨークの郊外を迷いながらあのラドバーンの街並みを見つけた時と同じような懐かしさがこみ上げてきた」という。「わが国の庶民住宅地において、最初になされた近代的意味でのアーバンデザインの確固たる証しを見つけたのであった。」「西欧の新しいデザイン手法と日本の近世につくり上げられた空間の構成の二つが、渾然一体となったアーバンデザインの試みをここでは感じ取ることができる」と幾分興奮気味に書いている。

さらに佐藤は書く。「確かに同潤会の普通住宅以降の事業（アパート事業＝三浦註）は、日本の近代住宅計画史上極めて重要な位置を占め、それぞれの住宅の質そのものは言うに及ばず、事業の実践という面からも」「わが国の近代住宅計画史上の輝かしい成果であ」る。

だが普通住宅地も、「当時の建築家達が初めて取り組む集合住宅地計画として、意欲に燃えて、様々な新しい試みに挑戦していたことが、手に取るようにわかる。」「街角広場、共用のコモンスペースを中庭として取り囲む中庭型街区計画、並木を持ち商店街が配された主道を中心に明解な段階構成を持つ街路のネットワークなど、今日の目でみても、住宅地計画の原理に基づき、魅力的な空間のデザインがなされている。そしてそれらは、六〇年以上を経た今なお、その住宅地の空間の文脈として地域社会や人々の生活に重要な意味を持ち続けている」のである。

完成したころの砂町住宅の店舗街（出典:『建築写真類聚　第6期第13回　木造小住宅』洪洋社、1928年）

このように見てくると、同潤会普通住宅地の魅力とは、庶民のための田園都市、ユートピアとして構想されたことによるのだとわかる。富裕層の邸宅でも、中流階級のための住宅地でもない。職人階級を含めた庶民のために江戸時代以来の下町的な生活の伝統を活かしつつも、近代化した新しい田園都市的な生活様式を提案したのが普通住宅地の魅力なのである。

Book

集合住宅団地の変遷——東京の公共住宅とまちつくり

佐藤 滋 著

鹿島出版会(一九八九)

Profile

佐藤滋 さとう・しげる

(一九四九〜)

都市計画家。早稲田大学名誉教授。都市計画学会副会長(二〇〇八〜〇九)、日本建築学会会長(二〇〇九〜一〇)、総合研究機構顧問研究員、都市・地域研究所前所長、顧問研究員。一九七三年、早稲田大学理工学部建築学科卒業。八〇年、同大学大学院博士課程後期課程退学。工学博士。同大学助手、助教授を経て、九〇年、同大学教授。

東京圏の高密市街地や同潤会、城下町、まちづくり市民事業、事前復興まちづくり、地域マネジメントなどの研究に取り組む一方、各地の自治体や市民組織と協働したまちづくり、地域づくりを実践している。

主な著書に、『まちづくり図解』『同潤会のアパートメントとその時代』(ともに共著、鹿島出版会)、『まちづくり市民事業』(学芸出版社)、『現代に生きるまち』(彰国社)などがある。

関連文献

佐藤滋・伊藤裕久・真野洋介・高見沢邦郎・大月敏雄『同潤会のアパートメントとその時代』鹿島出版会、一九九八

内田青蔵『同潤会に学べ——住まいの思想とそのデザイン』王国社、二〇〇四

三浦展編著、大月敏雄・志岐祐一・松本真澄著『奇跡の団地 阿佐ヶ谷住宅』王国社、二〇一〇

22

《

集合的無意識の結晶体

宮本隆司『九龍城砦』

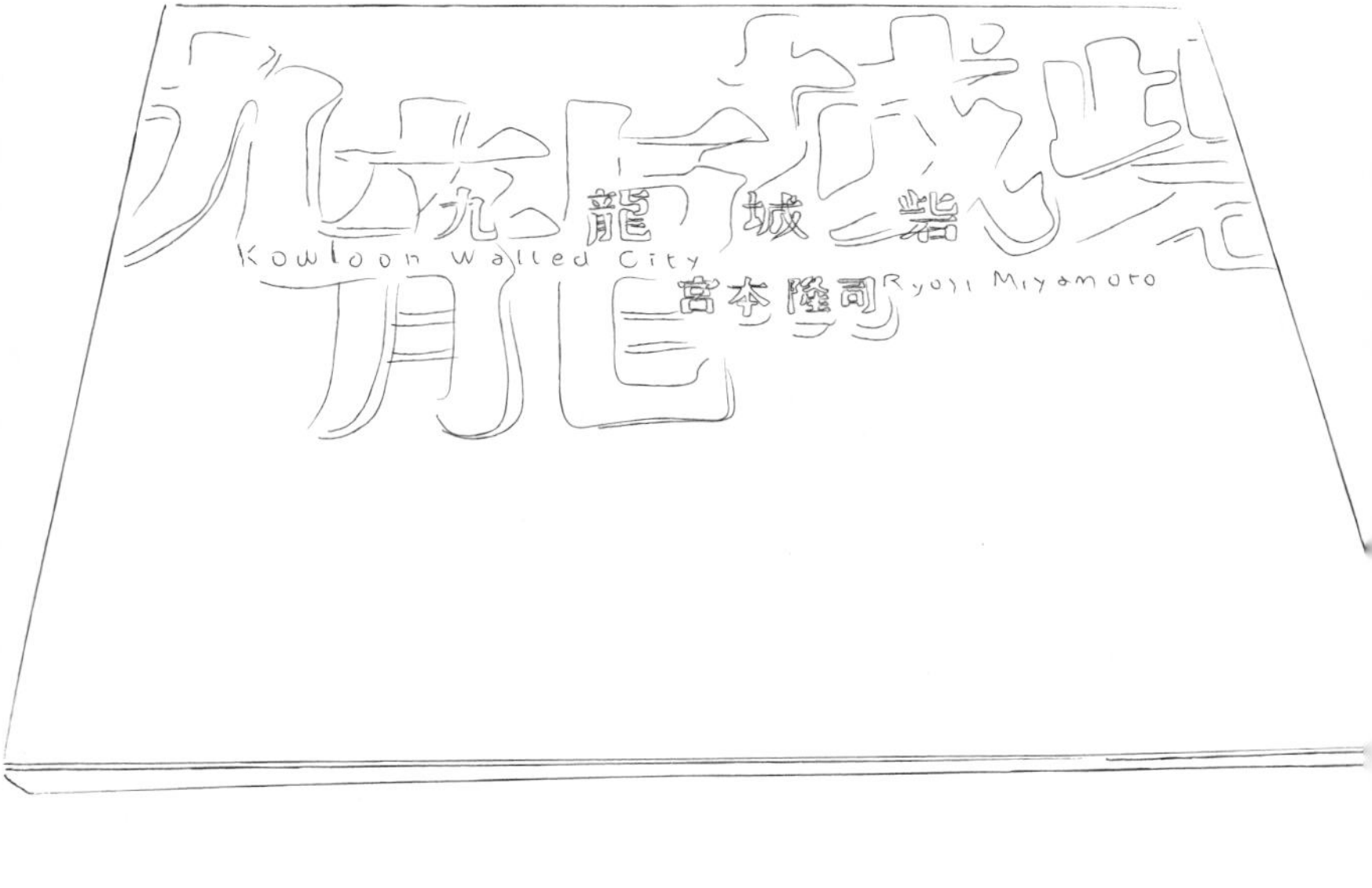

初めて香港に行ったとき、着陸前の飛行機から九龍城が見えた。一九八八年のことである。それからほどなくして九龍城は取り壊された。ほぼ最後のチャンスで見られたことになる。

現代は廃墟ブームの時代である。そのブームが、一九八〇年代に始まったと言えるだろう。七〇年代に高度成長が終わり、真鍋博のイラストのような銀色の未来を誰も信じなくなり、憧れなくなり、むしろ過去へのノスタルジーが高まり、産業革命以降につくられたものが古びて、錆びて、朽ち果てそうになる姿に、なぜか人々はたまらない魅力を感じるようになっていた。ナチスだったら頽廃的といって排除したであろうような美意識が生まれていた。

映画『ブレードランナー』などのサイバーパンク映画の人気もそのへんと関わっていて、未来なのに暗く、湿っていて、ぬめぬめとして、てらてらと油光りする闇市のような場所が、光り輝く高層ビルと共存している都市の姿に、これこそが本当の未来像なのではないかと胸がふるえたのだ。

ギーガーが描いた『エイリアン』の姿もそれであって、宇宙といえば空気もなく、水もなく、乾いて冷たい世界であるはずなのに、エイリアンたちは卵かサナギから生まれたばかりの虫のように、体は硬い殻で覆われているのに、ぬるぬる、ベタベタとして、まったく無気味だったのである。機械的なものと、生物的なものがそこでは合体しており、それが未来と過去の融合、サイバーとパンクの融合と同じ関係にあった。

ただし高度成長期も真鍋博も全く知らない若い世代でも九龍城や軍艦島、あるいは工場やダムや給水塔などの工業的構造物などに魅力を感ずる人が多いので、単に未来が失われたことが廃墟ブームの理由ではない。

おそらく、未来そのものだった工業的なものが、時を経れば朽ち果て腐り、場合によっては味のあるものになるということが新しい「美」をもたらしたのだ。有機物のようにコンクリートも腐り、鉄も朽ちる。それによって枯れ木や流木やドライフラワーのような別の美が生まれる。そういう経験はコンクリートの建物が何十年も建ってからでないとできない。

そうやって老いた鉄やコンクリートは、しばしばプラスチックですら、限りなく生物に似てくる。工業製品に囲まれた生活が、かつては未来の暮らしのシンボルだったのに、それらの工業製品がみな老い朽ち腐り汚れていくことで、まるでそれらは胎内のような、血栓だらけの血液や、硬化した動脈や、癌に冒された内臓のようなものに見えてくる。そういう工業的なものの老いが新しい「美」に見えてきたのだ。

もっといえば、人間の不満や我慢や悲哀や幸福などはすべて心の中のひだひだの数が多ければ多いほど味わい深いものになるのであって、枯葉をながめて人生の秋を感じるように、鉄とコンクリートの近代都市も古びてこそ人間の心に触れるのだ。

「九龍城砦は、中国人の集合的無意識の巨大な結晶体なのだ」と写真を撮った宮本は言う。まさにそうだ。中国人という一人の人間がいたとしたら、その人の脳と心と身体の有機的なつながりと、混乱と、不統一と不具合とが固まって一つのゴミのようになったもの。あるいは食欲や性欲やギャンブル欲や不正な心や残酷さや、いろいろなものすべてが、混濁して発酵して熟成してカビたようなもの。それが九龍城砦だ。

九龍城は宋代には塩田であったという。一六六八年に烽火台が設けられ、一八一〇年に砲台が設置され、一八三九年のアヘン戦争後、香港島がイギリスに割譲されると清朝は一八四七年、この地を城砦化した。イギリスは北京条約により一八六〇年、香港島に加え、九龍半島をも手に入れるが、九龍城砦だけは清国の管理下にあった。

そして一九四九年、中国共産党政府が成立すると、大量の難民が香港に流入し、安く住める九龍城砦には多くの人々が住むようになった。一九五〇年代初頭には数千人ほどだった城砦内の人口は、六〇年代には二万人を超えた。五〇年代には木造やバラックや石造の低層住宅だった城砦内は、六〇年代になると高層化し始め、八〇年代には一六階建ての高層ビル群が立ち、人口は四万人にまで増えた。

香港における人口増加、経済発展による住宅不足と家賃の上昇のため、税金や諸経費の不要な九龍城砦はますます人口を増やしたのだ。城砦内は人が住むだけでなく、飲食店、小売店、医院、小工場もあり、裏社会とつながる麻薬、ギャンブル、売春の巣となり、まるで地下世界の魔窟のように変貌していったのである。

Book

九龍城砦
宮本隆司 著
ペヨトル工房（一九八八）
平凡社（一九九七）★
彩流社（二〇一七）

Profile

宮本隆司　みやもと・りゅうじ
（一九四七〜）

写真家。一九七三年、多摩美術大学グラフィックデザイン学科卒業。『住宅建築』編集部員などを経て写真家として独立。

八六年、都市の中に出現した廃墟を撮影した「建築の黙示録」展開催（ヒルサイドギャラリー）。八七年より九龍城砦を撮影。八八年、「九龍城砦」展開催（INAXギャラリー）、『九龍城砦』（ペヨトル工房）刊行。八九年、第一四回木村伊兵衛写真賞受賞。九五年、阪神・淡路大震災直後の神戸を撮影。九六年、第六回ヴェネツィア・ビエンナーレ建築展日本館（コミッショナー：磯崎新）の展示「亀裂」に参加し、建築家の石山修武、宮本佳明とともに金獅子賞受賞。

二〇〇三年、ホームレスが居住するダンボール・ハウスを採集した写真集『CARDBOARD HOUSES』（BEARLIN）刊行。ダンボールで組み立てた大型のピンホール・カメラで撮影する「ピンホールの家」にて第五五回芸術選奨文部科学大臣賞受賞。一二年、紫綬褒章受章。一四年、両親の出身地・鹿児島県徳之島にて、アートプロジェクトの実行委員会代表として作品展示、運営を行う。一九年、「宮本隆司　いまだ見えざる

関連文献

九龍城探検隊 写真・文、寺澤一美絵『大図解九龍城』岩波書店、一九九七
グレッグ・ジラード、イアン・ランボット『九龍城探訪』尾原美保訳、吉田一郎監修、イースト・プレス、二〇〇四
Bernd and Hilla Becher, *Wassertürme*, Schirmer / Mosel, 1988
H・R・ギーガー『ギーガーズ・エイリアン』田中克己訳、リブロポート、一九九五

23

«

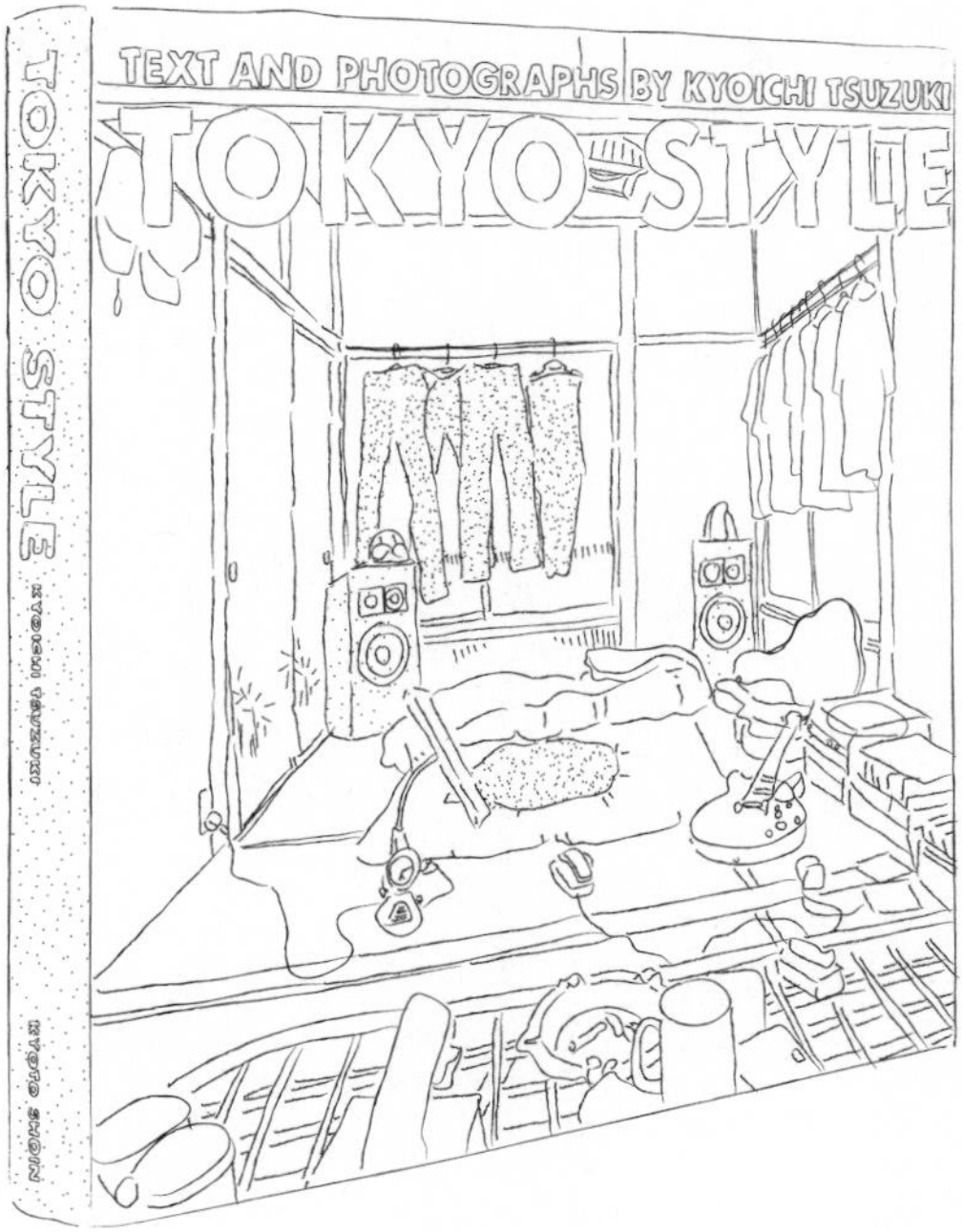

部屋の中の本当の東京

都築響一『TOKYO STYLE』

コロンブスの卵だった。かっこいい街のかっこいい家のかっこいいインテリアを撮るのではなく、普通の、むしろダサいかもしれない部屋の内部をこの写真集は延々と撮影している。なにしろ表紙カバーの裏の写真はスヌーピーのぬいぐるみだ。そこに結婚式の記念写真が飾ってある。ピンクの安物そうなカーペット。お世辞にもセンスがよいとは言えない。

ページをめくると、ごく普通の、むしろ時代遅れの団地や、三軒茶屋のなんだかよくわからない店や新宿西口高層ビルに見おろされるスナック街や駒場の古い木造住宅の写真が並び、この写真集のタイトル通り「東京」についての写真集であることを告げている。でもその東京は、先端でも、おしゃれでも、きらびやかでも、清潔でもない。

そういう東京を描くとき、普通は夜の飲み屋街などを撮影しがちである。だが都築は、輝く乾いた昼と、暗く湿った夜の対比をするのではなく、都市という「外側」に対して、部屋という「内側」を並べることによって、東京に暮らす人々が本当に大事にしているものをあぶり出すことに成功した。

「僕らの生活はもっと普通だ。木造アパートや小さなマンションにごちゃごちゃとモノを詰め込んで、絨毯の上にコタツを置いたりタタミに洋風家具をあわせたりしながら、けっこう快適に暮らしている。」（「Introduction」）

先日ミニシアターで昔の日本映画を見た。つげ義春の漫画の映画化なので、舞台として映る街や住宅はどれも古くボロい。一体いつごろの映画だろう、一九七〇年代末か、せいぜい八〇年代前半かな、でも、出てくる俳優から考えて、そんなに古くはなさそうだし、と思いながら見ていた。映画が終わりエンドロールが流れ、映画の制作が一九九三年であるとわかりびっくりした。九三年、つまり『TOKYO STYLE』と同じ年の東京はこんなに「ダサ」かったのだ。もちろんつげ義春らしさを表現するために、そういう街や家を選んだのではあるが、それにしてもこんなに古びていたのか。

テレビでバブル時代の映像が流れるときは決まってお立ち台で踊りまくる超ミニスカートの若い女性たちと、再開発されておしゃれになった湾岸や、赤坂、六本木などの超高層オフィスビルが登場する。

そういう映像でしかバブルを知らない世代は、バブル時代の東京はそんなにも明るく華やぎ輝いていたと勘ちがいするだろうが、実はそうではなかったのだ。バブル時代(一九八五~九〇年くらい)に計画された再開発計画にしても実現するのは一九九〇年代後半であったりする。だから九三年頃の東京はまだ八五年より前の「昭和」の東京がかなり残っていたのだ(20『昭和二十年東京地図』参照)。

『TOKYO STYLE』に衝撃を受けたという人は多い。かっこよくない、ごちゃごちゃした、センスがよいとはいえない、そういうあたり前の部屋が写真になるという衝撃と、実はそのごちゃごちゃが、意図してつくり出せないという意味でかっこいいじゃないかと気づかされた衝撃と、何かこう、自分の内面がさらけ出されたことの気持ちよさ、爽快感のようなものと、ああ、そうそう、俺の部屋もこんな感じだよという共感と、いや、むしろ、こんな風にごちゃごちゃ汚く、乱雑に自分の部屋をつくってみたいという妙な刺激とが、『TOKYO STYLE』にはあった。「豪華な写真集や分厚い雑誌に出てくるようなインテリアに、いったい僕らのうちの何人が暮らしているだろう。」「たくさん、どこにでもあるから『スタイル』と言えるのであって、」「僕らが実際に住み、生活する本当の『トウキョウ・スタイル』とはこんなものだと見せたくて、僕はこの本を作った。」と都築は書く。

この複雑な快感は、藤原新也の『東京漂流』の世界観と、似たところもありながら、対極的でもあるように私には見えた。ひたすらおしゃれに、清潔に、無味無臭になっていくことへの違和感という意味では共通している。だが、藤原がそういう状況に対して批判的に（暗く）書くのに対して、都築は批判することを素通りして、ポジティブに（あるがままのものを肯定するという意味ではあっけらかんと）表現したところに両者の違いがあるのではないかと私には思えた。

そして、藤原の世界観を煮つめていくと、どこか宗教的な現世拒否のような次元に至ってしまい、そのことがまさにバブル時代に出現し、九三年の翌年に松本サリン事件、さらに翌年に地下鉄サリン事件を起こすオウム真理教と、どこか少し通底してしまうのではないかと私には思えたのだ。

　それに対して都築のようなスタンスがあれば、ダサくて、汚くて、乱雑な部屋でも、そこに自分の好きなものがあって、好きなことができて、快適に暮らせるなら満足であり、大きな社会状況、社会の流れに対して怒ったり、反抗したりしなくても、自由に楽しく生きていけるだろう。そう、そういう刹那性、自由、楽しさ、快適というものに対して藤原は少し否定的すぎたのであろう。

　もちろんどちらが正しいかはわからないが、九三年というバブル消費文化の崩壊がはっきりと見え始めてきた時代においては、『TOKYO STYLE』の〝ゆるい〟スタンスがすごくしっくりと来たのではないか。

Book

TOKYO STYLE
都築響一 著
京都書院（一九九三）★
ちくま文庫（二〇〇三）

Profile

都築響一　つづき・きょういち
（一九五六〜）
編集者、写真家。上智大学文学部英文学科在学中より『POPEYE』『BRUTUS』誌にてライター、編集者として活動。一九八九〜九二年、現代美術全集『Art Random』全一〇二巻を刊行（京都書院）。一九九三年、『TOKYO STYLE』を発表、写真家としても活動を始める。『ROADSIDE JAPAN――珍日本紀行』（アスペクト）にて第二三回木村伊兵衛写真賞受賞。二〇〇一年、『TOKYO STYLE』の関西版ともいえる『賃貸宇宙』（筑摩書房）を刊行。二〇一〇年、『天国は水割りの味がする』、一一年、『東京スナック飲みある記』『演歌よ今夜も有難う』でいち早くスナックに注目、一二年、『東京右半分』では東京二三区東半分（≒下町）にあるキャバレー、ゲイなどを取材。一三年、『独居老人スタイル』で高齢単身のアーチストを取材、またアウトサイダーアートに注目するなど、つねに大衆のエネルギーの爆発を記録してきた。他の著書に『珍世界紀行――ヨーロッパ編』（筑摩書房）、『珍世界紀行――アメリカ編』『性豪――安田老人回想録』『HOUSE OF EROTICA――秘宝館』（以上アスペクト）、『圏外編集者』（朝日出版社）、編著に『Showa Style――再編・建築写真文庫（商業施設）』（彰国社）などがある。

24

«

原始の力を喚び醒ます
死なない都市

毎日新聞社 編『養老天命反転地
――荒川修作＋マドリン・ギンズ：建築的実験』

あなたがいちばん好きな建築は何かと聞かれて私が真っ先に思い浮かべるのは養老天命反転地（荒川修作＋マドリン・ギンズ作）である。美術作品であって建築ではないかもしれないが、一万八一〇〇平米の広大な敷地につくられた立体作品であり、かつ人々がそこに入って行けるのだから一種の建築であろう。

私はかつて子ども二人を連れて家族でここに行ったが、着いた瞬間子どもが反転地の中をかけめぐった。子どもが一〇歳と五歳のときである。その後、今まで行った場所でもう一度行きたいところがあれば行こうということになり、選ばれたのが反転地であった。

私の娘はこういう時にいつも活発であるが息子はそうでもない。外に出て遊びまわるタイプではない。この息子が親に促されずに勝手に興奮したのは、後にも先にも反転地と、もう一つは屋久島だけである。

きっと何か人間の中の原始的な本性に強く訴えかけるものが屋久島と反転地にはあるのであろう。人間がまだあまり獣と分化しておらず、神とも分化していない、人と神と獣が三位一体となっていた時代の根源的な力が天命反転地では体の内側からあふれ出てくるのだ。

屋久島は原始・古代そのものであるが、それを美術作品として意図的につくり、かつ実際に人がその作品の中へ入っていけるものとして制作して、本当に人が、特に子どもが興奮して遊び回る、動き回ってしまう場所というのは珍しい。もちろんディズニーランドに行けば大喜び

人が走り回り転び回ってしまう。荒川修作とマドリン・ギンズが手がけた「養老天命反転地」2005年（©1997 *Estate of Madeline Gins.* Reproduced with permission of the Estate of Madeline Gins. / Photo：Kyodo News）

する人は無数にいるが、そういう大仕掛けでカラフルで商業主義的な刺激に満ちたものでなくても子どもが興奮するというのは実に重要なことである。

もちろん反転地ですら大きな仕掛けなのであって、単なる雑草の生えただけの広場であっても人々は癒やされ、子どもはよろこんでかけ回る。夕陽で赤く染まった空や山並みを見ても、人はえもいわれぬしみじみとした感傷にひたることができる。

私は一度高島平団地に行ったとき、夕方になり夕陽が巨大な団地を赤く染めると、その団地が非人間的なかたまりであることをやめて、実にノスタルジックな存在に変えられているのを見て、夕陽の力に驚いた。夕陽にはそういうふうに人々の心を溶かす力がある。夕陽も原始の力なのだ。

だから、自然の力をうまくとりこんでしみこませていけば、きっと人工的な建築も都市ももっと人間の心の中にしみ入るものになるのだろう。

荒川は「普段は使わない身体の感覚を徹底的に目覚めさせ、人間本来の可能性を引き出す。そうした中で、今の価値観を疑い、本当に生きやすい世の中を感じ取る人間が生まれることを願った」という（三村尚彦・門林岳史編著『22世紀の荒川修作＋マドリン・ギンズ』）。

したがって、養老天命反転地や三鷹天命反転住宅に仕掛けられた様々な「身体のバランス」を失わせるものは、「バランスを失うことを恐れるより、むしろ（感覚をつくり直すつもりで）楽しむこと」が重要であり「ただ斜面を駆け下りるのではなく、積極的に自らの身体の重心を崩し、バランスを失って駆け下りる必要がある」という。「できるだけ長い間、肉体をアンバランスの状態にしておくのが望ましい。」「なぜならば、肉体がバランスを回復させる行為は、肉体の本質的な性質を明らかにするからである。」肉体が「もう一度肉体に戻ろうとする努力」にこそアイデンティティがある。「アイデンティティとは、このぐるぐると落ちることなのだ。いつもどこだか分からない所へと向かって目が回りながら跳んでいくのが、自己のアイデンティティなのだ。」（『22世紀』）

また森田真生が自分の住む天命反転住宅にある日高齢の祖母を連れていくと、「その日の祖母は、少女」に変わったという。「もはや私の知っているだけの祖母ではなかった。一挙手一投足に不可解が訪問してくることを楽しみ、全身でそれを受け入れている祖母は、本当に生き生きとしていた。祖母のなかにはいつも少女がいたのだと、このとき僕は初めて気づくことができた。」（『22世紀』）

私が天命反転住宅を見たのは二〇一九年二月の母の葬式の時だった。新潟から、足腰が弱り一人で暮らせなくなった母を、私と兄は東京の小金井市の老人ホームに移した。いつか故郷へ帰れることを望みながら結局母は持病の心臓病が原因で三年後に亡くなり、三鷹のお寺で葬儀をし、多磨霊園で灰となった。その帰り、再び三鷹に戻るマイクロバスから天命反転住宅が見えた。いつも少女の心を持っていた母を、天命反転住宅に連れていくことができたなら、母はどんな反応をしただろう。あるいは、天命反転住宅のような思想を取り入れた老人ホームがあったなら、母はもっと生き生きと過ごしただろう。

老人ホームなのに「生き生き」なんてちょっと矛盾しているが、ホームの中の老人たちは、ここでいつか死ぬと思いながら、しかしここでいつも生き生きとしていたいと願っているし、家族もそう思っている。もう認知症が進んでしまった人だって、心の奥底にはまだ少しの自分があり、希望があり、生きる力があるのだ。しかしホームの中には、介護スタッフの元気な声が、ある意味空しく響くだけである。ホームという空間、建築が、わずかな生命力を生き生きと刺激し、甦らせるようにはつくられてはいないからだ。

そもそも「天命反転」とは「死なない」ことだという。

「僕たちがつくる家や街に住んだら死ななくなるんだよ。」と荒川は言った。「それがどんなに凄いことかわかるか。」「もし君たちが死ななく」「なったらどうなる？　あらゆるものが変わるんだ。それに何かを自分のためだけに蓄える、ということも無くなる、死なないんだから。死ぬと思うから誰もが子どもに孫に土地を残そう、金を残そうと思うんだよ。死なないなら土地に境界も要らないだろう、ということはつまり、戦争だって無くなるかもしれない。そう思ったら君、明日からものの食べ方だって変わるぞ。」（本間桃世『22世紀』）

何かおかしい。死なずにずっと生きつづけたい人は、もっと土地や金を増やそうとしつづけ、孫や子にもっと残そうとしつづけ、土地にもっと境界を引きつづけるんじゃないか。もっと戦争を起こすんじゃないか。だからみんな早く死ぬと決まっているほうが、土地や金に縛られずに、好きなことだけをして、歌ったり踊ったりして、あっという間に死ねるんじゃないか。そう思ったが、もちろんそこを突っ込むことが狙いではない。

荒川の破天荒な思想を知ってもらえばよい。

三・一一の震災後にも変化があった。天命反転住宅の見学者は当初は「天命反転とか、死なないってどういうことですか?」「でも、荒川さんも亡くなったんですよね」と冷ややかな反応が返ってきたのに、震災後は、「死なない、って本当に大事なことですね」という感想をもらうことが増えてきたという。

天命反転住宅が「福島にできればいいのに」とつぶやく建築学生もいて、本間桃世がなぜとたずねると、彼の実家は福島にあるが、「アンダー・コントロールなんて嘘ばかり、未だに自分が生まれて育った場所に戻れない人が多くいる、仮設住宅は絶望的にひどい、だからせめて仮設住宅がこんな(天命反転)住宅だったら、本当に天命が反転できるかもしれない」と語ったという。「あぁアラカワがいたらどんなに興奮して『すぐに作ろう!』と走り出しただろう」と本間は感激した。

一体今どれだけの建築家、設計会社が「すぐに作ろう!」と走り出せるだろう。

Book

養老天命反転地
——荒川修作＋マドリン・ギンズ：建築的実験
毎日新聞社 編
毎日新聞社（一九九五）

Profile

荒川修作　あらかわ・しゅうさく
（一九三六〜二〇一〇）
美術家。武蔵野美術学校中退。一九五七年、読売アンデパンダン展に初出品。六〇年、吉村益信、篠原有司男らとネオ・ダダイズム・オルガナイザーズを結成。六一年、渡米。公私にわたるパートナーとなるマドリン・ギンズと出会い、以来ニューヨークを拠点に活動。六二年、ギンズとともに「意味のメカニズム」プロジェクトを開始し、七〇年のヴェネツィア・ビエンナーレにて発表。七二年、ニューヨーク郊外のクロトンで建築的実験を始める。七七年、第六回ドクメンタ（ドイツ・カッセル）出品。八六年、フランス政府より文芸シュヴァリエ勲章授与。九一年、「荒川修作の実験展―見る者が作られる場」展（東京国立近代美術館）。九五年、「養老天命反転地」竣工。九七年、グッゲンハイム美術館にて日本人として初めて回顧展が開催。二〇〇三年、紫綬褒章受章。〇五年、「三鷹天命反転住宅」竣工。一〇年、映画『死なない子供、荒川修作』（監督：山岡信貴）完成。

マドリン・ギンズ　Madeline Gins
（一九四一〜二〇一四）
美術家・詩人。米国・ニューヨーク生まれ。六二年、バーナード・カレッジ卒業。詩人として活動していたが、荒川修作との出会いを機に二人の共同作業が活動の中心となる。著書に、『ヘレン・ケラーまたは荒川修作』（新書館）、荒川修作との共著に『建築する身体』『死ぬのは法律違反です』（ともに春秋社）などがある。

関連文献

三村尚彦・門林岳史編著『22世紀の荒川修作＋マドリン・ギンズ——天命反転する経験と身体』フィルムアート社、二〇一九

25

«

砂漠と天から
聖者の光が射す

原 広司『集落の教え 100』

この本は『論語』である（テイストは老荘思想風だが）。集落が孔子で、その一〇〇の教え（アフォリズム）を弟子の原が解説する。弟子は極めて優秀なので孔子の詩的な言葉を正確に翻訳する。論語読みの論語知らずということはない。集落調査研究の長い体験が集落を確かに読み、その教えを伝えてくれる（一〇年ほど前、隈研吾展での原のスピーチが難解なのにやたら面白くて二時間くらいずっと聞いていたいと思ったことを思い出した）。

もちろん集落の人々が読めば、「そうかなあ」とか「ちがうんじゃないか」とか「そんなこと考えたことないがなあ」とか思うかもしれない。彼らにとって集落は所与の自然だからである。だが彼らが「言われてみればたしかにそうだ。さすが我らの祖先たちは深いことを考えてこの集落をつくってくれたのだ」と感心することも大いにあり得る。

一〇〇の教えは、風にそよぎ、水に流れ、草のようになびき、砂のように舞う。その言葉が美しく、深い。だがその真意は難解でもあり、凡夫にはすぐには理解できない。一回読むと、一〇〇のうち三〇くらいは大体わかり、四〇くらいはなんとなくわかり、三〇くらいはよくわからないだろう。一〇回読むと、大分わかるようになりそうだ。一〇〇回は読んだ方がいいかもしれない。一〇〇の教えを一〇〇回。なにしろ『論語』だから。座右の書にするしかない。

私は原の本をこれしか読んでいないので、この本を原が書いた意図は知らない。だが、おそらく建築や都市とは何か、それらの始原は何か、それが何かがわかったとしたら、これからどんな建築や都市をつくるべきか、という問いかけが彼の根本にあったのだろうと想像する。
そこで私のお気に入りの教えをいくつか。

——砂漠は、宇宙への門である。砂漠は知恵を誘起する。
砂漠は「視界と天空のひろがりには限りがなく」「かげろうや蜃気楼の幻想の場」であり「刻々と変わる辺りの風景は哲学的であるともいえ、夜になれば手がとどきそうなところに星空がある。もし人間の存在理由を問うこと自体が私たちの存在理由であるとするなら、砂漠をおいて他に場所があるだろうか」。「砂漠の集落では、砂漠自体が集落なのである。」

なんだかサンタナの名作アルバム『キャラバンサライ』の音楽が聞こえてきそうだ（知らない人は聴いてみて）。もし建築家が砂漠の素材を使って建築を設計するなら、どうするのか。辺りには砂とわずかな草木しかない。おそらく砂の多く混じった土をこねて焼いた煉瓦のようなもので家を造るのだろう。

でもそれでは当たり前だ。建築家でなくてもできる。サラサラの砂自体で建築ができないか。草を編んで、そこに砂を入れて壁や屋根らしき物をつくり、用が終わり、人が去ると、家はまた砂に戻る……。私は建築家ではないので、想像はここで止まるが、原の解説は、そういう妄想を掻き立てる。

まさに砂上の楼閣、いや楼閣自体が砂。そういえば楼蘭の遺跡は、もはやそれ自体が砂のようになっているという。見たいなあ。

あるいは、子どもが砂浜で砂山をつくるのはなぜなのか。必ず崩れる山。崩すことが楽しい、崩すことが目的の山。実は人間は崩すことが好きなのだ。

もしかすると、こういう考え方が隈研吾の「負ける建築」の根底にある思想なのかもしれない、などと思った。隈は原の教え子で、アフリカに行こうと提案したのは隈だそうだから、隈が原の思想に大きく影響されていることも、本書を読むとよくわかる。隈は原とほぼ同じことを言っているんじゃないだろうか。

――人影がない場所をつくれ。

「この教えは、集落のにぎわいの分布について、一様な分布を避けることを示唆している。集落は一般に、人影がまばらであり静かである。にもかかわらずマーケットの場所があれば、そこはにぎわい、聖なる場所があれば人影は少ない。」

今、都市再開発では「にぎわいの創出」が一つの大きなスローガンである。闇市発祥の飲み屋街が十分ににぎわっているのに、そこをつぶして再開発をする目的がにぎわいなのである。新しいにぎわいが古いにぎわいよりも素晴らしいのなら良いのだが、たいていの場合、そうはならない。

消費の場所が一つの大きな聖地である現代の都市では、人影が少ない場所が構想されない。人影が少ないのは聖地ではなく、単に無用な土地、廃れた場所と見なされる。だから逆に、それらの無用で廃れた場所が、聖地に見えてくる。数十年前の闇市、赤線、青線、遊廓の跡地の暗さが聖性を帯び、人々を惹きつける（22『九龍城砦』、29『首都圏住みたくない街』参照）。

——材料が同じなら、形を変えよ。形が同じなら、材料を変えよ。

「ブラジルの〈不法占拠の町〉ファベーラでは、廃品やブリキ、ダンボールなどで細かく組み立てて住居を造り、隣の住居との境界がほとんどわからないので、奇妙にして美しい連続体が斜面に展開されている。集落全体が、コラージュの作品のようである。」

人間は貧しいほうが工夫をする。なまじ金があると、足りない物は買う。余っている物すらまた買う。そして捨てる。

だがお金がないと、拾ったりもらったりした物を使う。あるいは代用品で済ます。そこにクリエイティビティがある。

『20世紀少年』などの映画で知られる堤幸彦監督の知られざる名作『MY HOUSE』（原作は坂口恭平『TOKYO 0円ハウス 0円生活』河出文庫、『隅田川のエジソン』幻冬舎文庫）はホームレスが主人公で、

ブラジルのファベーラ（出典：原広司『集落の教え 100』）

そのホームレスがラブホテルの裏口で空き缶をあさっているところ、ホテルの支配人がうちで働かないかと誘う。ホームレスは誘いを断り、今の暮らしは工夫ができるからいいと答える。そこに現代の消費社会が排除した価値観があると私は強く感じ入った（「なぜ今、ホームレスの映画を撮ったのか――堤幸彦監督、直球ど真ん中の異色作『MY HOUSE』を語る」『PRESIDENT Online』）。

集落はおそらく多くが工夫の産物であろう。地元の素材を使うしかなく、足りない物は何かで代用したり、自分で切ったり削ったりしてつくるしかない。集落の人々はそれを習慣として行ったはずだ。

だが今の消費社会から見ると、消費社会に飽きた目から見ると、そこにこそ大いなる喜びがある。われわれは気軽に物を買う代わりに自分で工夫することの面白さに気がつき始めている（拙著『第四の消費』）。

Book

集落の教え100

原 広司 著
彰国社（一九九八）

Profile

原広司　はら・ひろし

（一九三六〜）

建築家。東京大学名誉教授。一九五九年、東京大学工学部建築学科卒業。六四年、東京大学大学院数物系大学院建築学専攻博士課程修了（工学博士）。東洋大学助教授、東京大学生産技術研究所助教授を経て、八二年、同大学同研究所教授。設計活動は、原広司＋アトリエ・ファイ建築研究所と共同。

一九七〇年代より二十数年にわたり世界の集落調査を行い、さまざまな集落の風景や特性を考察。その成果は『集落への旅』（岩波新書）、『住居集合論』（東京大学生産研究所原研究室編著、鹿島出版会）、『集落の教え100』（彰国社）に詳しい。八八年、『空間〈機能から様相へ〉』（岩波書店）にてサントリー学芸賞受賞。主な建築作品に、「田崎美術館」（一九八六、日本建築学会賞）、「ヤマトインターナショナル」（一九八八、村野藤吾賞受賞）、「梅田スカイビル」（一九九三）、「JR京都駅ビル」（一九九七）、「札幌ドーム」（二〇〇一）、「みなと交流センター」（二〇一六）などがある。

関連文献

隈研吾「第一章　集落から始まった」隈研吾編『くまの根――隈研吾・東大最終講義10の対話』東京大学出版会、二〇二一

26

«

所有せずに
都市を住みこなす

ひつじ不動産 監修『東京シェア生活』

都市に住むっていうのは、こういうシェアハウスに住むってことだな、と感じる。ワンルームマンションに住むのでは、都市に住む感じがしない。稚内でも那覇でも同じだ。

でもワンルームマンションが都市生活のシンボルみたいに思われた時代もあった。一九八〇年代だ。私もそう思った。木造モルタルアパートに住んでいた私は、あと一万円多く家賃が払えれば、新しいワンルームマンションに住めるのになあといつも思っていた。

が、今となってはそれは間違いだったとわかる。間違いというのは言い過ぎだが、すっかり時代が変わったのだ。東京の世田谷あたりの暮らしの象徴だった白いタイル貼りのワンルームマンションは、あっという間に日本中に広がり、だからもう都市のシンボルではなく、単に標準的な、当たり前の、面白くもない住まい方になってしまった。

そもそもあの三点式のユニットバスに憧れる時代があったということが今となっては嘆かわしい。でも当時の一人暮らし向け住宅というのは、洗面台がないのはほぼ常識で、流し台で洗顔、歯みがきをしていたのだし、お風呂は大抵バランス式風呂釜というもので、蛇口をひねればお湯が出るなんて夢の国の話だった。シャワーも付いていなかった。だから、あんな三点式ユニットバスも、あんな狭苦しいバスタブでも、おしゃれに思えたのだ。

日本人というのは不思議な民族で、戦争に負けたくらいで、畳を捨て、ちゃぶ台を捨て、布団を捨てて、イスとテーブルとベッドで暮らすのがモダンと信じこみ、西洋では風呂とトイレと洗面は同じ空間にあると知ると、それをそのまま日本の住宅に持ち込んだ。ファミリー向けのマンションですら一九七〇年代までの物件は、風呂、トイレ、洗面が同じ空間に設置されたものが多い。私が今仕事をしている一九七一年築、大林組施工のマンションもそうである。

三点式ユニットバスを日本で初めて導入したのはホテルニューオータニがＴＯＴＯ製のユニットバスを使った一九六四年のことである。それがマンションに普及し（当時のマンションはそれこそリッチな都市生活のシンボルだった）、八〇年代には一人暮らしの二〇代の若者も三点式ユニットバス付の部屋に住めるようになったのだから、これはもう本当に夢のような、カッコいい、プチブル的なものだったのである（プチブルの意味は若い人はわからんだろうがググってください）。でもどう考えたって風呂とトイレが一緒ってのは日本人の身体感覚、清潔観、美意識に合わなかった。こうしてワンルームマンションの没落が始まった。

三点式ユニットバスで盛り上がってしまった。話を戻すと、ワンルームマンションのそういう時代性がなんとなくおかしい、不合理、いやむしろダサいかもと思われるようになった時代が、おそらく一九九〇年代末あたりからだ（実証裏付けデータのない感覚論ですが）。

一方で、ワンルームマンション以前の私が住んでいたような木造モルタルアパートは完全に古くなってきて、一部のマニアックな人を除いては誰も借りないという状態になった。

そこに現れたのがリノベーションという手法だった。建築家の馬場正尊に初めて木造アパートのリノベーション事例の写真を見せてもらったときは本当に感動した。おそらく二〇〇二年か三年のことだ。

高円寺のボロアパートの空き室を見ちがえるようにリノベして、仮に貸しても家賃三・五万円の部屋を七万円で貸せる部屋にしていた。投資は一〇〇万円なので三年足らずで資金を回収できるという超おススメのビジネスモデルだった。

カッコよさとか、都会的とか、都市に住むといったことの概念、イメージが一八〇度と言っていいくらい変わった。それは裏原宿で地べたに座りこんで物を喰うラッパーのあんちゃんたちが、当時はまだ新鮮(奇異)であったように、都市の風景、人々の都市の使い方、都市との関わり方についての私のイメージ、観念を変態させるものだった。

ちょうどその頃、私は消費の将来を予測する仕事を某広告代理店としていて、消費を幸せと感じる若者が減っていき、むしろレンタルやシェアが増えていき、新しいものをよしとする態度も薄らいでいって、古い物を使いこなすほうがカッコいいという価値観がふくらんでいく、といったことを考えていた。リノベーションとシェアが何となくゆるゆると結びつきかけていたのだった。

でもまだその結びつきははっきりとしたものではなく、私は確信をもっていなかった。ところが数年後、青山ブックセンターのトークショーに出演した私は、帰り際に平積みになっている本を見つけてものすごく心が躍った。それが『東京シェア生活』だった(やっと主役登場!)。

正直言ってシェアハウスというのは古くて汚いアパートで、そこに住む人も貧乏で汚い恰好をしているのだろうと私は偏見を持っていた。ところが本書の中のシェアハウスは全く違っていた。オシャレでカラフルでカワイかった。

でもそのオシャレさは八〇年代のそれとは違っていた。ブランド物もないし、高級というのでもないし、家はすごく古いし、でもそれをうまくリノベし、自分たちなりに演出し、与えられたものではない生活を楽しんでいるように見えた。

そして何より、ワンルームマンションの暮らしとちがうのは、当然だが住人同士がコミュニケーションをしているということだった。つまりワンルームマンションを借りて住むことが消費だとしたら、シェアハウスに住むことは、消費ではなく、言ってみれば「暮らす」ことだった。

もちろんシェアハウスもお金を出して借りるのだから経済的には消費なのだが、そこに住むことの意味が全然違って見えた。住人は個人に閉じこもっておらず、自分を他者や社会に開いているように見えた。自分の部屋の中で暮らしているだけでなく、街へ、都市へ関わっている暮らしに見えた。全く新しい価値観がそこにあった。

リノベーションとシェアとが突然しっかりと結合した。ガチャンと音を立てている感じだった。そして私は翌年『これからの日本のために「シェア」の話をしよう』を書いた。さらに翌年、『第四の消費』を書き、日本の消費社会の一〇〇年史の中にリノベーションやシェアを最

左：いとしまシェアハウス（福岡県）　右：青豆ハウス（東京都）

新の状況として位置づけた。

都市と建築・住宅というと、当然切っても切れない関係にあるのだが、従来の都市計画ではむしろ住宅というものを都市からできるだけ離そうとしていた。典型的なのが郊外の団地・ニュータウンである。

都心部にある住宅でも、都市の喧騒や汚れた空気や騒音から身を守るためのシェルターとして住宅が位置づけられていた。だから住宅に都市というものを感じるということがあまりなかった。都会的なシャレた住宅というものはあっただろうが、都市に住むことを活性化させる住宅というものはほとんどなかった。それはそれで、ある時代の要請だった（黒川紀章の中銀《なかぎん》カプセルタワービルや東《あずま》孝光の「塔の家」などは都市に住むことを自覚した住宅だったと思うが、それは例外的だろう）。

だが、古びたアパートをリノベしたシェアハウスに暮らす人々は、家に住む、住宅を所有する、部屋に住むというのではない新しい価値観を体現していた。彼らは都市に住んでいるのであり、都市をさらに自分のものとして住みこなすためにシェアハウスという選択をしているように見えた。あるいは自分らしい人生を生きるために、と言ってもよい。ありきたりの、与えられた、お仕着せの人生ではない自分の人生を生きるため、楽しむためにシェアハウスが使われているのだと思えた。

Book

東京シェア生活
ひつじ不動産 監修
アスペクト（二〇一〇）

Profile

ひつじ不動産
ひつじインキュベーション・スクエアが運営するシェアハウスの総合メディア。シェアハウスに住みたい人と不動産事業者をつなぐプラットフォームとして二〇〇五年より運営開始。二〇一三年にはユーザーからの累計問い合わせ数一〇万件を突破。掲載物件はすべてスタッフが訪問・撮影しており、空間や設備、運営、周辺環境など住まい手の目線で丁寧にレポートしている。シェアハウス初心者向けの入門記事、事業者向けのセミナー運営、シェアハウス市場の統計調査・公開など、シェアハウス市場の健全・成長発展に向けた取り組みを行っている。

関連文献

ブルースタジオ編『リノベーション物件に住もう！——「超」中古主義のすすめ』河出書房新社、二〇〇三

27

«

文化は
余所者がつくる

稲葉佳子＋青池憲司

『台湾人の歌舞伎町——新宿、もうひとつの戦後史』

歌舞伎町の店舗の経営者やオーナーに中国人、韓国人が多いということは、一般論としては私も知っていたが、本書は、実に徹底的にその実態を当事者へのインタビューなどを通じて歴史的に検証している。私が新宿でほぼ唯一入る店、名曲喫茶の「らんぶる」も台湾人がつくった店だとは！　驚きの連続の本なのだ。

都市の歴史というものは、大きな道路やビルなどによってのみつくられるのではない。ひとりひとりの人、ひとつひとつの小さな店、いや、露店や屋台も含めて小さなもののうごめきがつくりだす、ということを教えてくれる都市研究の名著である。

歌舞伎町は今では世界に冠たるエロチックタウンであるが、そもそもは、その名の通り歌舞伎劇場をつくって芸術文化の街をつくるというコンセプトで開発が始まった街だった。角筈《つのはず》一丁目北町（歌舞伎町の旧町名）の町会長だった鈴木喜兵衛と、東京都都市計画課長で、その後日本都市計画学会初代副会長となる石川栄耀《ひであき》が、敗戦後の焼け野原に、広場を囲んで劇場、映画館、ダンスホールなどが並ぶ一大アミューズメントセンターをつくろうという計画だったのだ。

東京都の役人がそんな柔らかい街づくりを構想するとは不思議だと思われる方もいるだろう。だが、石川は、昭和初期からすでに「夜の都市計画」の重要性を主張してきた稀有な存在なのである。

「夜」は「昼間とても得られぬ親しい人間味のある安静の時だ。トゲトゲしい昼の持つ、一切の仲たがいと競争と、過度の忙しさと、人間紡績機の乾燥さに静かに幕をおろし、本来の人なつこい心に帰る時である」。「人と人との間に失われつつある、愛の回復のために夜の親和計画」を考えよう、と石川は言ったのである。（中島直人ほか『都市計画家　石川栄耀』）

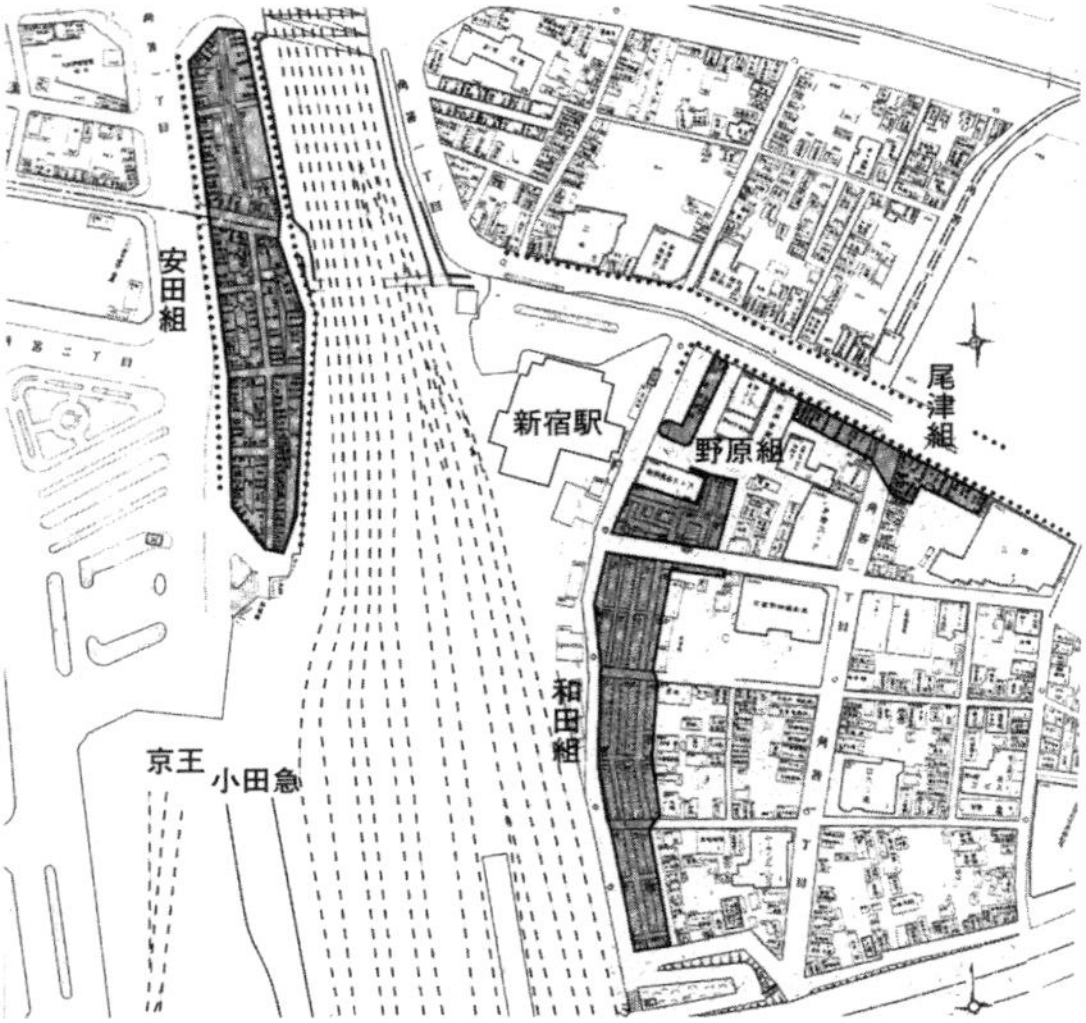

新宿駅周辺の闇市（出典：石榑督和『戦後東京と闇市』鹿島出版会）

さて、歌舞伎町は、しかし建築制限、預金封鎖、物資不足などにより、計画どおりには実現されなかった。鈴木は苦肉の策として、一九五〇年に東京産業文化博覧会を開催して、博覧会用につくったパビリオンを映画館に転用、さらに五六年にコマ劇場が完成して、なんとか娯楽の街ができていった。

もともと新宿は甲州街道の宿場町だったが、大正、昭和にかけて私鉄が発達すると、ターミナル駅として発展する。銀座、上野、浅草とはひと味違う、陽気で俗っぽくて若々しい街だったという。

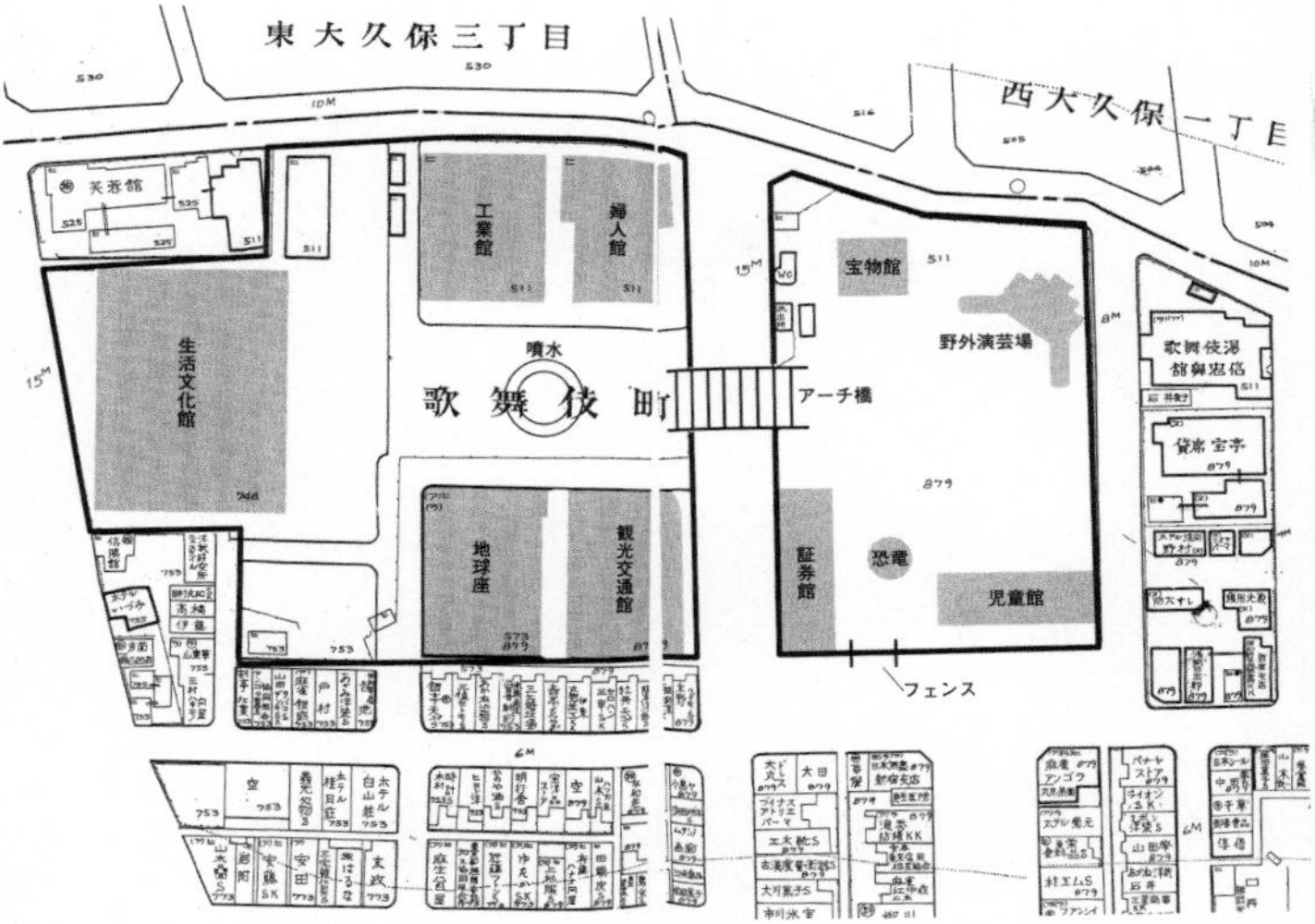

東京産業文化博覧会の会場図（「火災保険特殊地図（1951年）」をもとに作成、一部推測も含まれる。出典：稲葉佳子＋青池憲司『台湾人の歌舞伎町』紀伊國屋書店）

それが戦争で焼け野原となり、駅周辺にテキ屋の親分たちによって闇市（露店街）が形成された。また、親分の一人安田朝《とも》信《のぶ》は淀橋警察署長に頼まれて駅の西口にも露店街を開いた。なぜ警察が露店街をつくりたいと思ったかというと、放っておくと、中国、韓国人が西口を不法占拠すると考えたからである。

当時の中国、台湾、韓国人は、戦勝国でもない、敗戦国でもない、という意味での「第三国人」「解放国民」だったのだ。つまり日本人のように戦勝国によって活動が規制されていなかった。だから彼らが、日本各地の繁華街で活躍を始めていたのである。

西口には米軍からの横流れ品、洋酒、缶詰、牛肉、高級服地はもちろん、ガソリン、乗用車、拳銃までが、台湾、中国の華僑を通じて売られていた。儲けた金で、日本人は入れないアメリカ式のキャバレーで遊び、大きなアメ車を買っていた。

私が愛用する「らんぶる」も一九五〇年に、西口マーケットで寿司屋をやっていた台湾人の呂芳庭《ろほうてい》が、クラシック音楽に詳しく、弟と店を開業したものだという。

それに刺激されて、台湾人の林金馨《りんきんせい》がつくったのが名曲喫茶「でんえん」と「スカラ座」。林は戦後すぐにやはり西口マーケットでせんべい屋を始め、それから毛糸屋を二軒出す。三つの店が軌道に乗ると経営を妻に任せ、歌舞伎町に名曲喫茶を出したのだという。学生時代からクラシックレコードを収集するマニアだった。

こうして本を読み進めていくうちに、歌舞伎町に小島屋ビルというビルがあると知り、私の記憶が呼び覚まされた。私は数年前に、歌舞伎町の東にある西向天神から花道通りを経て、山手線の西側の新宿都税事務所の信号から大久保通りに抜ける道を東中野まで歩き、どうもこの一部は暗渠らしいと悦に入っていた。

で、その散歩の途中で西新宿七丁目に別の小島屋ビルを発見していたのだ。このビルは、小島屋乳業製菓の本社ビルで、同社はアイスクリームや牛乳やジュースのメーカーらしかった。ビルの壁面はスクラッチタイルという、フランク・ロイド・ライトが一九二三年の帝国ホテルで使った様式が使われているようであり、建物自体は戦後建てたものらしいが、戦前からあるようなクラシックな風格があった。どうしてこんなところにこんなビルがあるのだろうと、私はずっと疑問に思っていたのである。

そして『台湾人の歌舞伎町』を読むと、小島屋の創始者は、終戦後に新宿西口マーケットでアイスクリームを売っていた日本人だと書かれている。なるほど！　マーケットから発祥した会社だったのだ。

歌舞伎町のほうの小島屋ビルの隣にあった喫茶店は、主人が台湾人で妻が広東系だったと本書は書いているが、その喫茶店に小島屋のアイスクリームや牛乳やジュースが納品されていたとしてもおかしくない。そう思いながら私は早速歌舞伎町のほうの小島屋ビルを見に行った。完全な雑居ビルである。パブと牛丼の松屋とカラオケの店が入っている。これがアイスクリーム会社のビルだとは誰も思うまい。

特に発見もなかったので、「らんぶる」へ向かった。店に入ってまずトイレに向かった。トイレの前に冷蔵庫や冷凍庫があり、そこにアイスクリームや牛乳が入っている。そしてその冷蔵庫や冷凍庫にはたしかに「小島屋乳業」の文字が！

先ほど書いたように、らんぶるも西口マーケットの台湾人がつくった喫茶店だ。西口マーケットでアイスクリームを売っていた小島屋と古くからのつきあいがあっても不思議ではない。もしかすると新宿中のアイスクリームや牛乳が小島屋乳業製なのかしら。

今度から新宿で飲食店に入ったら必ずチェックしよう。

Book

台湾人の歌舞伎町
——新宿、もうひとつの戦後史
稲葉佳子＋青池憲司 著
紀伊國屋書店（二〇一七）

Profile

稲葉佳子　いなば・よしこ
（一九五四〜）
法政大学大学院デザイン工学研究科兼任講師、博士（工学）。都市計画コンサルタントを経て、二〇〇八年より特定非営利活動法人かながわ外国人すまいサポートセンター理事。「新宿区多文化共生まちづくり会議」第一期〜第五期委員。一九九〇年代から外国人居住について数多くのフィールド調査を行う。主な研究分野は、外国人居住、まち形成史。主な著書に、『オオクボ 都市の力——多文化空間のダイナミズム』（学芸出版社）、『外国人居住と変貌する街』（共著、学芸出版社）、『郊外住宅地の系譜——東京の田園ユートピア』（共著、鹿島出版会）などがある。

青池憲司　あおいけ・けんじ
（一九四一〜）
映画監督。ドキュメンタリー映画・TV作品を数多く手掛ける。二〇〇七年より、新宿区大久保地域を拠点に「多文化学校」を主宰。主な作品に、『合戦』、『ベンポスタ・子ども共和国』、『琵琶法師 山鹿良之』（毎日映画コンクール・記録文化映画賞、文化庁優秀映画作品賞）、『記憶のための連作「野田北部・鷹取の人びと」』全一四部（日本建築学会文化賞受賞）、『3月11日を生きて』『津波のあとの時間割』『まだ見ぬまちへ』などがある。

関連文献

木村勝美『新宿歌舞伎町物語』潮出版社、一九八六

28

大通り、
ストリート、
そして
路地が広場になる

上田篤・田端修編

『路地研究——もうひとつの都市の広場』

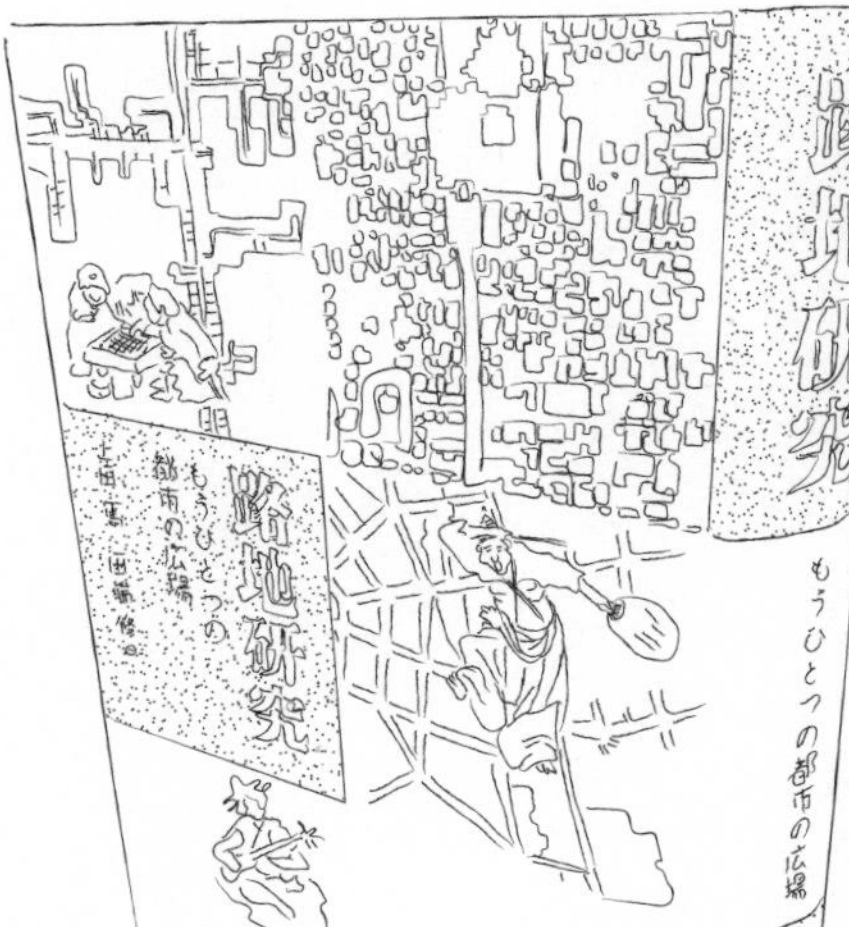

先日ある大学の社会学の先生に頼まれて、学生に話す機会があった。横丁を研究する学生グループがいるので、『横丁の引力』などの著者である私に、彼らの質問に答えてくれというのである。

虎ノ門や渋谷の再開発ビルなどに新しくできた横丁についてもコメントが欲しいと言われたが、あいにく私はそれらに行ったことがない。そこでこれを機会に学生と一緒に新しい横丁を回って見て歩き、その後学生たちに話をすることにした。

待ち合わせ場所に行くと、学生が四人いた。なんと全員女子だった。

時代である。横丁といえばおじさんのものという時代ではなく、むしろ若い女性のほうが若い男性よりも横丁に関心を持つのである。「私たちはどうしてこんなに横丁や路地に惹かれるのだと思いますか?」と質問されて、私はむしろこっちがそれを知りたいと思った。

学生たちと話していて思った。今から一〇〇年前だと銀座が日本一の繁華街に発展していき、日本中に「○○銀座」という商店街ができた。それから五〇年ほどすると「ストリート」の時代が来た。一九七三年、渋谷にパルコができて、「区役所通り」という暗いラブホテル街を「公園通り」と改称し、周りの坂にスペイン坂だオルガン坂だという名前を付けた。以来、八〇年代になると、青山、原宿、広尾などにはファイアー通り、キラー通り、地中海通り、キャットストリートなどの新しい名称のストリートができていった。そしてそれから四、五〇年たって、この横丁・路地ブームなのである。しかしいつも担い手は若い女性で、銀座ならモガ、公園通りなら「JJ女子大生」が主役であった。今ならさしづめ「横丁女子」。

また銀座が大通りを軸としているのに対して、渋谷などはアヴェニュー（大通り）というよりもっと細いストリートが主役であり、そして横丁・路地となると、さらに狭い。都市の人気の場所がどんどん細く狭くなっているわけだ。

都市の消費や文化の主役である若者、特に女性が、なぜ時代を経るごとに、大通りから、ストリート、そして横丁・路地へと向かってきたのか。考えてみるとこれはかなり興味深い社会心理的テーマを孕んでいる。


そんなことを考えながら、そういえば上田篤さんの『路地研究』という本があったなと思い出して、帯を見ると陣内秀信さんが「大きな広場から小さな広場 そして路地へ」と書いている。なんだもう言われていたか。

上田による「まえがき」を読めば簡単に事の本質がわかる。


「日本の都市には広場がない」といわれる。広場とは通常「広い場所」を指すが、しかし西洋のたとえばプラザには「都市の広場」という意味があり、それは市民にたいして都市自治を約束する空間であった。

ところが日本には歴史的にそういう「都市の自治広場」は形成されず、ために日本の都市学者のあいだには「広場コンプレックス」とでもいうべきものが存している。
しかしよくかんがえてみると、日本の都市には全市的な人々の情報交換の場、つまり「市民自治」の空間はなかったかもしれないが、近隣社会でのたがいの情報空間の場、つまり「住民自治」の場はあった。京の町家の通りは、商売をいとなむ両側の家の人々によってつねに見張られている世界であり、ために通りで犯罪はおこなわれにくく、老人や子供も安心して憩える場であった。

（中略）

つまり日本の都市には市民広場はなかったかもしれないが「住民広場」は存在したのだ。ところがそれだけではない。たとえば近世に大衆都市として発展した江戸にはこのような町家の通りにみられる住民広場のほかに、市民権をもたない長屋の住人たちのあいだにも互いの情報空間の場が発達した。
落語などに取り上げられる悲喜こもごもの空間の路地である。そこはかれらの市民広場とはいいにくいが、「家の中の生活があふれでた共同空間」ではあった。

（上田篤「まえがき」『路地研究』）

つまり日本では路地こそが広場なのだ。あるいは路地裏の喫茶店、横丁の居酒屋、そういう場所が、狭いけど、広場なのである。

路上で将棋をする風景（北区、2021）

もちろん海外にも路地はたくさんある。特に中世以来の歴史を持つヨーロッパの古い都市は路地だらけで、その狭い路地にイスとテーブルを並べて飲食をするのも普通だ。広場にイスとテーブルを並べたカフェであっても、そのイスとテーブルとパラソルによって空間が路地的な親密さをただよわせるとも言える。広場で立ち話をするだけではないのだ。

近代しかないアメリカの都市においても、むしろ近年はニューアーバニズムという思想・手法によってつくられた住宅地は、狭い路地をたくさんつくり、その魅力によって人々が自発的に歩くことを促し、それによって人々がすれちがい、出会い、交流し、コミュニケーションを生むきっかけをつくろうとしている。ス

ニューアーバニズムの典型住宅地シーサイドの路地(アメリカ・フロリダ州)

トリートといってもアメリカの場合は幅が二〇メートルくらいあるし、アティック(路地)といっても一〇メートルくらいあるが、それでは人々の親密な空間は生まれないので、ニューアーバニズムは幅数十センチほどの路地をつくることもある。

またもちろん、欧米でも飲食店や床屋や本屋などが横丁の寄り合い所的な機能を果たしていることは日本と同じである。クリント・イーストウッドの映画を見ると、刑事がいつも一休みするバーやダイナー、床屋などがよく出てくる。

名作『グラン・トリノ』の床屋の場面では、少年がクリント・イーストウッドに促されて、床屋の主人に常連風の軽口をたたく練習をさせられ、ひどい目にあうが、そういうようにいつも変わらぬ横丁の常連たちの店は、少年や新参者にとっても、その店や地域で認めてもらうためのイニシエーションの場でもある。横丁・路地という言葉は今ではどちらかというと「開かれた公共性」のようなニュアンスを帯びているが、反対に、そこにはある種の排他性があるわけで、でも、何度か通っていく内に常連に声をかけられ、一杯おごられ、だんだんと打ち解けていく。こういうプロセスというものがチェーン店のレストランやカフェにはない。チェーン店には、まったく排他性はないのに、逆にその店でだんだん認められていくという経験もまったく積むことができない。客と店員はあくまで客と店員であり、客同士もお互いに声をかけることもない。何十回店に通っても、そこでは人間関係は生まれないし、その場所で認められることもない。つまりそこは客にとって自分の居場所とはならないのである。

だからもしかすると女子学生たちが知らず知らずのうちに横丁や路地に求めているものは、まさにこの「場所における承認」という感覚であるかも知れない。少なくとも横丁・路地の魅力の一つはそうした点にあろう。

横丁・路地が若い女性の心を惹きつけるもう一つの理由は、都市が全体として明るくなりすぎたという点にあろう。都市が全体として、ということは、一つ一つの建築が明るくガラス張りで清潔になりすぎている。それはつまり「開かれている」のだが、しかし、人間、いつもずっと明るく開かれた状態を好むわけではない。暗く狭い場所に閉じ込もりたい時だってある。

大学だって昔は古くて暗くてホコリっぽくてカビくさかった。だから落ち着いて勉強できたのだ。ところが近年の大学はやたら明るい。図書館までガラス張りでサンサンと陽がふりそそぐ。空間の総カフェテリア化である。

こういう明るすぎる都市と建築が増えたことが、逆に古くて暗くてホコリっぽい場所を求めさせるのだ。

隈研吾も、東京大学内に学術研究棟をつくったとき、最近の大学が大きくてきれいな建物になっていることに愕然とし、大学って汚かったし、夏は暑いし、冬は寒い、均質なオフィスのようなきれいすぎるところで学問ができるだろうかと思った、だから隙間やクモの巣ができそうなところもつくったと語っている（『横丁の引力』）。

隈は吉祥寺のハモニカ横丁の焼鳥屋「てっちゃん」をリノベーションしたときも、そのスケッチに「もじゃもじゃ。ホコリ」と書き込んでいる。戦後すぐにできた闇市発祥のハモニカ横丁の焼鳥屋を「昭和のテーマパーク」にせずにリノベーションするときに、コンピュータの配線の廃材を、もじゃもじゃにこんがらがらせて壁に貼りつけ、あえてホコリがたまるようにデザインしたのである。昭和的なホコリではなく、二一世紀的なホコリのたまる焼鳥屋がそこに出現した。

また一五年ほど前だったか、「便所飯」という言葉が話題になったことがある。大学で、友人のあまりいない学生が、一人で学食で食べているのを見られるのがイヤで、トイレに籠って食事をするというのである。

私はその話を初めて新聞で読んだとき、とても驚いたが、これは男子学生の話だと思った。ところが実態は女子学生の現象なのだと知ってまたびっくりした。便所に籠るなんて、女性がするわけないと思っていたからだ。しかし考えてみると、一人で食べているところを見られるのが恥ずかしいという心理は女性のほうが強いであろう。近年の大学のトイレは清潔であろうから、女子学生が籠ってランチをそそくさと食べるのだ。

人が暗さを必要とするときは少なくない。眠るときはもちろんだが、落ち着きたいとき、本を読みたいとき、音楽を聴きたいとき、ゆっくり食事をしたいときなどは暗いほうがよい。そして気分が落ちこんだとき、悲しいとき、孤独なときも、暗い場所を好むであろう。とすると、都市が明るく輝く都市になりすぎることは、人間にとって、楽しいときはよいが、悲しいときは居場所のないものになるだろう。

大ヒット曲「神田川」の「二人で行った横町の風呂屋」は、二人の親密さと湿っぽい関係性を表す。二人で行った郊外のロードサイドのスーパー銭湯では、「リア充」な明るい関係しか感じられない気がするが、いかがなものか。

Book

路地研究
――もうひとつの都市の広場
上田 篤・田端 修 編
鹿島出版会（二〇一三）

Profile

上田 篤　うえだ・あつし
（一九三〇～）
建築学者、建築家。上田篤都市建築研究所主宰。京都精華大学名誉教授。一九五六年、京都大学大学院修士課程修了後、建設省住宅局入局。京都大学工学部建築学科助教授、大阪大学工学部環境工学科教授などを経て、八七年、京都精華大学美術学部デザイン学科教授。工学博士。建築設計、地域計画に携わりながら、都市計画、文化論を幅広く展開。京都の町家など伝統的建築の再生、鎮守の森や橋、水辺など環境的要素の再構築にも取り組む。
主な建築作品に、「日本万国博覧会お祭り広場」（丹下健三、磯崎新と共同、一九七〇）、「京都精華大学キャンパス」（一九八八、九三）などがある。主な著書に、『日本人とすまい』（岩波新書）、『五重塔はなぜ倒れないか』（新潮社）、『呪術がつくった国 日本』（光文社）、『鎮守の森』（鹿島出版会）、『都市と日本人』（岩波新書）などがある。

田端 修　たばた・おさむ
（一九三九～）
都市計画家。住環境学研究所主宰（～二〇一〇）。一九六二年、京都工芸繊維大学卒業。六五年、京都大学大学院修士課程修了。七二年、同大学大学院博士課程修了。工学博士。九三年、大阪芸術大学教授（～二〇一〇）。都市計画・デザインの調査、計画策定に携わる。
主な著書に、『町なかルネサンス』『「和」の都市デザインはありうるか』（ともに学芸出版社）などがある。

関連文献

倉方俊輔編『吉祥寺ハモニカ横丁のつくり方』彰国社、二〇一六
三浦展『横丁の引力』イースト新書、二〇一七

29

«

都市への
ねじれた愛

逢阪まさよし＋DEEP案内編集部

『「東京DEEP案内」が選ぶ　首都圏住みたくない街』

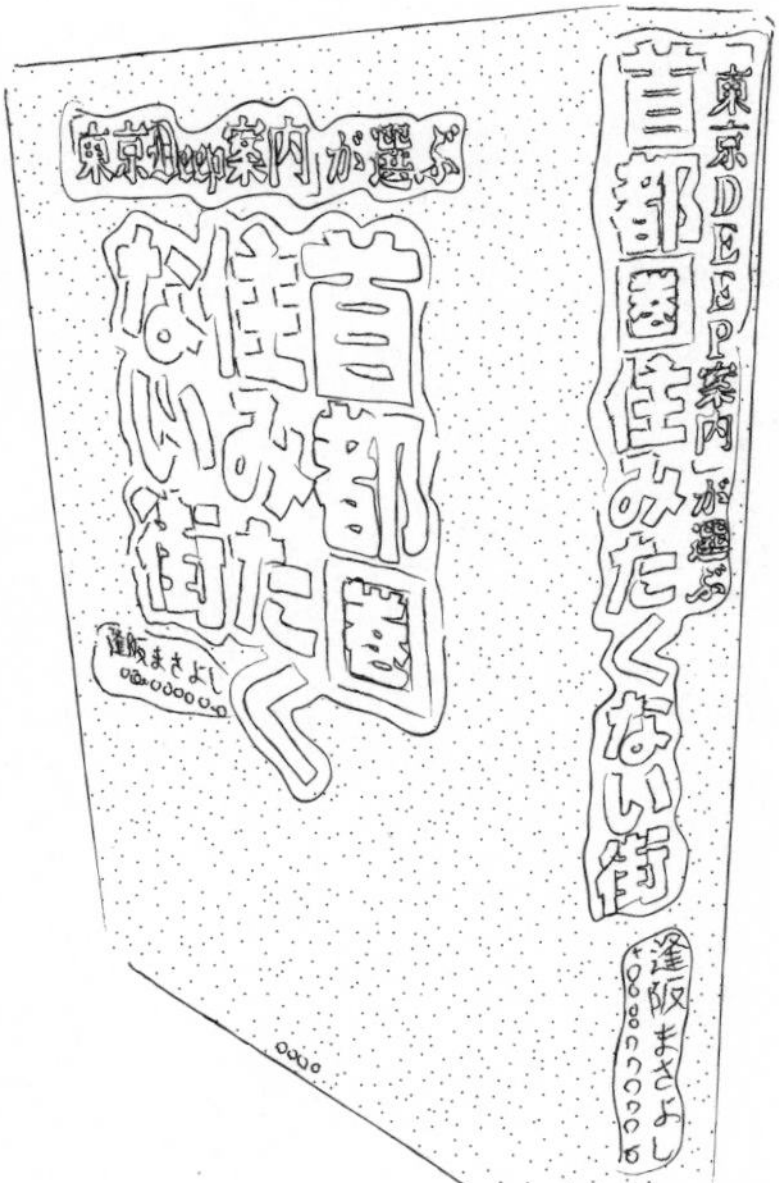

「住みたくない街」というタイトルは嫌いだなと、私の友人の、とても街への愛に満ちた男性は言った。どんな街にもそこが好きで住んでいる人、好きではないがそこに愛着を持っている人はいるのだから、というのがおそらく彼の考えだ。

まったく彼の言うとおりだが、著者の逢坂もそういうことはわかっていると思う。むしろ、わかりすぎるくらいわかっていて、でも客観的に見ると、古くて、汚くて、不動産価値も低くて、貧乏人が住んでいる街というものはあり、つまりそれは一般的に言えば「住みたくない街」だよね、という開き直りというか、愛憎相半ばの感覚みたいなものが逢坂にはある気がする。

いずれにしろ本書が物凄く都市を感じさせる本であることは間違いない。ビジネス書系の『首都大改造』とか『東京再開発地図』といった類の本に都市を感じられないのと対極である。ビジネス系都市本の中の都市は、CGで描かれた絵空事のように空虚で、空はいつも青く、ビルはどれも銀色に光っていて、そこを歩く半透明に描かれた人々は、本当に透明人間のように重力がなくリアリティがない。彼らは再開発された都市の中で、なんとかペイを使って消費し、なんとかナビを使って店を探し、なんとかマップの指示通りに移動する人間もどきである。

それに比べて『住みたくない街』の人々は（本には人の映った写真はほとんどないけど）あきらかにしっかりと地に根を張って生きてきた人々だ。体を張って、筋肉を使って、力を出して、泥にまみれて、汗をかいて、涙を流して、息をして、酒を飲んで、女を抱いて、歌を歌って、風呂に入ってガーッと寝るのだ。そういう大衆の、名もない男や女の、生きた証しが「住みたくない街」

にはある。どうしてこんなに人間がしっかりと生きてきた街が、「住みたくない街」になるのだろう。

結局のところそれは言うまでもなく、それらの街が今は、かつての若々しい力に満ちた父ちゃん、母ちゃん、ガキどもの時代を経て、すっかり老いてしまい、家も店も工場も電信柱の看板も何もかも、錆びて、腐って、朽ち果てて、嘘と涙が浸みついて、街全体が茶色く、赤茶色く、焦げたように黒くなってしまって、ホワイトカラーのニューファミリーの人々には、どうも住むにふさわしくない雰囲気になってしまったからだ。

本当はこういうボロい街が好きなホワイトカラーもいると思うのだが、不動産屋が彼らをそういう街に住まわせない。せっかく家賃二〇万円の家を借りられる、七〇〇〇万円のタワーマンションや一戸建てを買える能力のある彼らに、家賃一〇万円、買ったら二〇〇〇万円、いや値段のつかないようなボロ物件を売ったり貸したりするビジネスを、細身のスーツを着て、先のとんがった薄茶色の革靴をはいた不動産屋のあんちゃんは、決してしない。だからホワイトカラーさんたちは、結局、新しいピカピカの家を買ったり、借りたりする。

でも彼らの住む街が「住みたい街」かどうかは保証の限りではない。住みたいかどうかよりも、世間体とか、安心・安全とか、見栄とか、地盤がよいとか、そういういわゆるブランド価値的な指標で街を選び、家を選んでしまうわけで、ああ、ここに住みたいなあという心の叫びがあったかどうかは不明である。

不思議なもので、われわれは何か労働をしないと生きていけないはずなのに、労働を感じさせる街に住みたくないのだ。昔は労働をする場所と住む場所は同じか近くだったのに、だんだん職住分離が進んで、それに慣れてしまうと、労働のある街はイコール貧乏な人の多い街ということになり、住みたくない街になるのである。

一方で、職住分離を前提としたニュータウンなどで生まれ育った世代になると、労働の見える街が何だか新鮮に感じられるので、下町に住むのもいいね、などという傾向も現れてくる。江東区の清澄白河の人気の一因はこうした心理によると思う。

まあ実際は、清澄白河にはもう町工場なんてものはほとんどなく、騒音もばい煙も出ないので、ましてタワマンの中に入ってしまえば、世田谷で安い戸建て住宅に住むよりよっぽど静かな暮らしができる。そういう、いいとこどりみたいなことができるのが清澄白河のような街で、いずれ押上も曳舟も北千住もそうなっていくだろう。

マンションというのは、特にタワマンというのもまた不思議なもので、そこに人が住んでいるのかいないのか、実にわからない。夜に明かりが灯れば人が住んでいるらしいと思うだけで、かといってあのバカでかいマンションの四十何階あたりのどれが誰々さんの家かなんてわからない。まったくの匿名なのであり、しかも、家の中で何をしているのか、食事をしているのか、テレビを見ているのか、ゲームをしているのか、ヨガをしているのか、セックスをしているのか、すべてが不明である。声も音も聞こえないし、垣根越しに人の気配を感ずるなんてことも一〇〇%ない。しかし、こういう街（?）、ビル（?）が「住みたいでしょ?」と言われて売れるのである。

»

Book

「東京 DEEP 案内」が選ぶ 首都圏住みたくない街
逢阪まさよし＋DEEP 案内編集部
駒草出版（二〇一七）

Profile

逢阪まさよし　おうさか・まさよし
ウェブサイト「DEEP 案内シリーズ」管理人。大阪市内湾岸の市営住宅で生まれ育った。二〇〇四年に大阪市の公共事業の無駄遣いをレポートしたサイト「大阪民国ダメポツアー」開設。〇七年七月に関西二府四県の街歩き情報サイト「大阪 DEEP 案内」開設。〇八年にライターを志して上京し、同年二月に首都圏の街歩き情報サイト「東京 DEEP 案内」を開設した。一七年、駒草出版から『「東京 DEEP 案内」が選ぶ 首都圏住みたくない街』刊行。発売から三カ月も経たないうちに三万部発行のベストセラーとなった。

関連文献

三浦展『花街の引力』清談社、二〇二一

30

«

住みたいという感覚の実証

島原万丈 製作

『Sensuous City［官能都市］——身体で経験する都市：センシュアス・シティ・ランキング』

女性がどんな男性と結婚したいかと聞かれて「三高」と答える時代があった。高収入、高学歴、高身長の略である。

対して男性が結婚したい女性は「3K」つまり「カワイイ、家庭的、カルイ（体重）」という説もある（小倉千加子の説）。

たしかに三高であるに越したことはなかろう。しかし実際の結婚、あるいは特に恋愛は三高や3Kでは決まらず、もっと一瞬の感覚、ときめきで決まるはずだ。高収入を求めながら、付き合う男性はいつも決まって低収入、定職に就かず、しかも女ぐせが悪い、いわゆる「ダメンズ」ばかりという女性もいるという。

それはつまり頭、理屈ではなく感覚や身体が求めてしまうということだ。アンケートに答えてこんな相手が良いという平均値と、個別具体的な交際相手や結婚相手とはちがうのであって、そこに人間心理の微妙なあやとひだとトラウマが感じられて、実に興味深いのである。

住む街を選ぶときはどうだろうか。好きな街、嫌いな街、どうでもいい街のちがいは何だろうか。たしかに「三高」などと同様に、駅まで何分、都心まで何分とか、買い物に便利とか、教育環境がよいなどの基準が主に重視される。コロナウイルスのおかげで、テレワークが広がり、通勤に不便でもよくなったり、買い物はインターネットで食事はデリバリーが増えたりしたので、街に商店はいらないと考える人も増えたかもしれない。教育もオンライン化が進めば、通学の利便性は次第に問われなくなるのかもしれない。

さてそうなると人は何を基準にして住宅街を選ぶのであろうか。

つまり「三高」でも「3K」でもない相手とつきあい、結婚することがあるように、それは数字で表せるような基準ではなく、もっと感覚的で官能的なものになるのではないか。

なんだか気持ちがいいねとか、なんだか楽しそうだねとか、ホッとするねとか、刺激的だねとか、文化的だねとか、数量で表すことのできない気分的なものが、住む街を選ぶ基準として重要になるのではないか。

いや、もちろん今までも、そうした感覚的なものは一つの大きな要素だったのだが、数量的な基準のほうがどうしても客観的で、説得力があり、一生で最大のたいそう金のかかる出費をするときは、そうした数量的基準が前面に現れてきつづけたのだ。

だから、その数量化できない感覚に客観性を与えなければ、結局数量化しやすい基準に負けてしまう。数量化できない感覚をこそ、何とか数量化できないか。

『Sensuous City』は、そうした問題意識から誕生した画期的な調査にもとづく都市論である。「今回の調査プロジェクトの大きな目的は、都市の本当の魅力を測る物差しを模索し、提案することである。」「日本ではこれまでノスタルジーや個人的趣味として退けられてきた都市の魅力を、魅力的な都市を愛する人々のリアルな眼差しを可視化」することである（「Prologue」より）。

全国の県庁所在都市、政令指定都市、東京・大阪・横浜の区部、合計一三四市区の一万八三〇〇人に対してインターネットによるアンケートを行った。普通はここで住みたい街はどこですかとたずねる程度であるが、同調査では「動詞」によって質問を考えたところに大きな意味がある。

動詞とは、つまり日常生活における行動や五感の経験である。たとえば「馴染みの飲み屋で店主や常連客と盛り上がった」とか「街の風景をゆっくり眺めた」とか「木陰で心地よい風を感じた」とか「遠回り、寄り道していつもは歩かない道を歩いた」といったものであり、これらの選択肢自体がとてもユニークである。中には「素敵な異性に見とれた」「路上でキスした」「不倫のデートをした」をしたというちょっとキワどい選択肢もあり、お堅い役所では何度か物議をかもしたらしい。

こういう経験が、過去一年に自分の住む市区内でどれくらいあったかをたずね、「共同体に帰属している」「食文化が豊か」「ロマンスがある」「自然を感じる」「歩ける」など八つの指標で分類し、「センシュアス・シティ度」の分析を行っている。

その結果、センシュアス・シティ度が全国一位となったのは東京都文京区、というちょっと意外な結果であった。だがよく考えると、緑が多く坂道があって歩いて楽しい。大学や寺社などの歴史・文化施設が多く、学生や教員の集う喫茶店、レストラン、古本屋、銭湯などがある。文京区とその周辺には人々の五感をくすぐる要素がたくさんあるのだ。

一三四市区のうち上位五〇位内は、武蔵野市、目黒区、金沢市、静岡市など、都市性もあり、そのわりに自然もあり、食べ物がうまい店がある市区が多い。対して下位は残念ながら郊外のニュータウン的な市区が多くを占めたという。

また分析によると、センシュアス度が高い市区に住む人と、彼らの幸福度や満足度には正の相関があるという。逆に『週刊東洋経済』が毎年行っている「住みよさランキング」で上位を占める市区と幸福度や満足度には相関が見られないか、やや負の相関が見られた。なぜなら東洋経済の指標では人口当たりの病床数、公園面積、小売業床面積などが重視されているため大型の施設があることによって評価が上がる。結局それは大規模開発を推進する従来の都市計画を追認するだけのことになる。大型の施設は郊外のニュータウンに多いため郊外の市区が上位に来がちである。実際、同指標では長らく千葉ニュータウンのある印西市がランキング一位を占めつづけてきたのである。だが「センシュアス」という尺度で見たとき、ニュータウンは下位になる。まったく正反対の結果なのである。

ニュータウンに住んで満足し幸福を感ずる人もたくさんいるので、単純に文京区とニュータウンのどちらがよいかということではない。だがこのセンシュアス・シティ調査は、これまで支配的だった大規模施設重視型の都市評価制度に大きな一石を投じたものであり、歴史的に誠に重要な意味をもつものであることは間違いない。

»

Book

Sensuous City［官能都市］——身体で経験する都市：センシュアス・シティ・ランキング

島原万丈 製作

株式会社ネクスト HOME'S 総研

Profile

HOME'S 総研（ほーむずそうけん）

株式会社 LIFULL（旧株式会社ネクスト）内に設立された日本の住まいの未来を考えるシンクタンク。日本の『住むこと』がより豊かでもっと自由なものになるよう、住まいの提供に関わる産業に対して、中長期視点・生活者発想での情報発信をしていきたい」を趣旨として調査研究を行う。所長は島原万丈。

島原万丈（しまはら・まんじょう）

LIFULL HOME'S 総研所長。一九八九年、リクルート入社。リクルートリサーチ出向配属。以降、クライアント企業のマーケティングリサーチおよびマーケティング戦略のプランニングに携わる。二〇〇四年に結婚情報誌『ゼクシィ』シリーズのマーケティング担当を経て、〇五年よりリクルート住宅総研。『愛ある賃貸住宅を求めて：NYC, London, Paris & TOKYO 賃貸住宅生活実態調査』が若い世代の建築家・不動産業者に熱く支持される。一三年、ネクスト HOME'S 総研所長に就任。つねにユーザー目線に立ち、愛と自由と多様性を重視した住宅・不動産と社会の調査研究と提言活動を行っている。共著書にセンシュアス・シティ調査を元にした『本当に住んで幸せな街——全国「官能都市」ランキング』（光文社新書）がある。

関連文献

島原万丈＋HOME'S 総研『本当に住んで幸せな街——全国「官能都市」ランキング』光文社新書、二〇一六

ジェイン・ジェコブズ『新版 アメリカ大都市の死と生』山形浩生訳、鹿島出版会、二〇一〇

三浦展『新東京風景論——箱化する都市、衰退する街』ＮＨＫ出版、二〇一四

おわりに

本書は主に二〇二〇年五月の緊急事態宣言中に書かれた。できた原稿がゲラになったのは二〇二一年五月の緊急事態宣言中である。

だが、あまりに皮肉なことに、本書のテーマの一つは人が集まることである。そういう矛盾を無意識に感じていたせいか、ますます本書が紹介した本は、街を歩く、世界を歩くことによって生まれた本ばかりになった。

街と人を観察し、考え、面白がり、過去をいとおしみ、屋台や大道芸人を楽しむ。もちろん夜の街も楽しむ。貧乏も狭い部屋も半ば楽しむのである。

一九七〇年代に中学生から大学生であった私にとっては、都市は最初、多くの問題が巣喰う場所として認識された。交通事故、公害、犯罪、貧富の差などが大都市であればあるほど多かったからである。

それが現在のような都市観を持つようになったのは、大学後に就職したパルコの影響が絶大である。当時専務（後に社長）だった増田通二氏の独特の都市観・盛り場観を、彼の漫談師のように面白い語り口によって私は脳に注入されてしまったのだ。

偶然といえば偶然、必然といえば必然だが、パルコには本書が紹介した望月照彦氏も少し出入りしていたし、陣内秀信氏も公園通りやスペイン坂について今でも盛んに述べられている。私が入社した年に開催された街づくりセミナーには槇文彦氏が登壇されているし、藤原新也氏は言うまでもなくパルコの広告を手がけている。

また当時、パルコの属していた西武流通グループ内には「商品科学研究所（CORE）」が設立されていたが、そこと川添登氏が所長だったCDI（コミュニケーションデザイン研究所）の共同編著として『生活財生態学』が八〇年に西武流通グループのリブロポートから出されている。

そう考えると何だか本書は私の青春の記録のようであるが、実際にこれらの本を読んだのはほとんどがパルコを辞めてからである。私のライフワークである郊外研究の一環として、郊外とは対極の都市についても考えるという過程で読んできた本である。とはいえ郊外文化研究というテーマを私に与えたのも増田氏であった。また、取り上げた著者のみなさんがかなり相互につながりあっているのも興味深い。路地、裏側、見えがくれ、考現学、フィールドワークなどの共通点があることが歴然としている。

原稿は、特に資料を見ずに、頭にあることだけで、手書きで書いた（一部すでに発表した箇所がある）。だから私が日頃都市について思っていること、あるいはこれまで私の都市に対する考えを形づくってきた経緯が三〇冊あまりの本を通じて素直に書かれている。そのため、私の著書の中で最もお気に入りの本のひとつとなった。

本書を手に取る人は建築・都市系の人が多いと思うが、関連文献は分野を問わず多めに紹介し、ついでに本にふさわしいBGMも提案した。緊急事態が「新しい日常」になってしまい、図書館も劇場も映画館もライブハウスも休業することが多かったが、今こそ本書を契機に多様な本や映画や音楽に触れてほしいからである（だからといって『教養としての都市論』というタイトルは少し大げさで恥ずかしいが）。

最後に、私は都市は美しいより楽しいことが大事だと思っていて、都市の本は、その本自体が都市のように楽しいものであるべきだと思っている。だから本書は、気楽な、肩の力の抜けた本にしたかった。そこで、以前書いた『昭和「娯楽の殿堂」の時代』の装幀をして頂いた矢萩多聞氏に再び装幀をお願いした。編集の神中智子氏は、私の趣旨を汲んで、いろいろなアイデアを出してくださった。この場を借りてお二人に感謝を申し上げる。

二〇二一年六月　　三浦 展

著者略歴

三浦 展　みうら・あつし
1958年生まれ。カルチャースタディーズ研究所代表。一橋大学社会学部卒、パルコ入社。マーケティング雑誌『アクロス』編集長を経て、三菱総合研究所入社。99年独立し、株式会社カルチャースタディーズ研究所設立。都市・郊外・消費を研究する。
都市・郊外関連の著書に『「家族」と「幸福」の戦後史——郊外の夢と現実』『ファスト風土化する日本——郊外化とその病理』『東京は郊外から消えていく!』『首都圏大予測』『新東京風景論』、共著・編著に『吉祥寺スタイル』『高円寺　東京新女子街』『中央線がなかったら』『奇跡の団地阿佐ヶ谷住宅』『昭和の郊外』などがある。

写真クレジット

青木 純——221右
大野秀敏——116
共同通信社——203
東京大学 生産技術研究所原研究室——214
永井荷風——52
中川敦玲——66、133（いずれも書影）
福原信三——120
三浦 展——167〜170、179、186、221左、235、236
Jean-Eugène Atget——13
Stocker_jp——153
VIC——23

教養としての都市論
感性を刺激する33冊

2021年8月10日　第1版 発 行

著 者　三　浦　展

発行者　下　出　雅　徳

発行所　株式会社　**彰　国　社**

著作権者との協定により検印省略

162-0067 東京都新宿区富久町8-21
電話　03-3359-3231（大代表）
振替口座　00160-2-173401

自然科学書協会会員
工学書協会会員

Printed in Japan

印刷：三美印刷　製本：中尾製本

ISBN 978-4-395-32170-4　C3052　https://www.shokokusha.co.jp